FANTASÍA UNDERGROUND
Cómo dibujar
VAMPIROS

por Mike Butkus y Merrie Destefano

1a. edición, marzo 2011.

How to Draw Vampires
Mike Butkus & Merrie Destefano
Copyright © 2010 Walter Foster Publishing, Inc.
Artwork © 2010 Mike Butkus.
Walter Foster es una marca registrada.

© 2011, Grupo Editorial Tomo, S.A. de C.V.
Nicolás San Juan 1043, Col. Del Valle
03100 México, D.F.
Tels. 5575-6615, 5575-8701 y 5575-0186
Fax. 5575-6695
http://www.grupotomo.com.mx
ISBN-13: 978-607-415-251-7
Miembro de la Cámara Nacional
de la Industria Editorial No. 2961

Traducción: Ivonne Saíd Marínez
Formación tipográfica: Armando Hernández
Supervisor de producción: Silvia Morales

Este libro se publicó conforme al contrato establecido entre
Walter Foster Publishing, Inc. y *Grupo Editorial Tomo, S.A. de C.V.*

Impreso en China - *Printed in China*

2

FANTASÍA UNDERGROUND

Cómo dibujar

VAMPIROS

por Mike Butkus y Merrie Destefano

Un proyecto de Davin Chea-Butkus

Grupo Editorial Tomo, S.A. de C.V.
Nicolás San Juan 1043
03100 México, D.F.

Contenido

Introducción

El vampiro es la estrella de rock de los monstruos.

Bello, encantador y sobrenatural, puede hacer que una mujer se derrita con una sola mirada. Hoy en día, su imagen se encuentra en las portadas de libros que son best-sellers, en series de televisión exitosas y en películas que rompen récords. Generalmente inmune a la luz del sol y elegido para interpretar el papel romántico principal, es muy diferente al resto de los monstruos.

Pero este no siempre fue el caso. Solía ser una bestia repugnante que acechaba en la oscuridad, sediento de sangre, en busca de dar la bienvenida a las víctimas en su reino exánime.

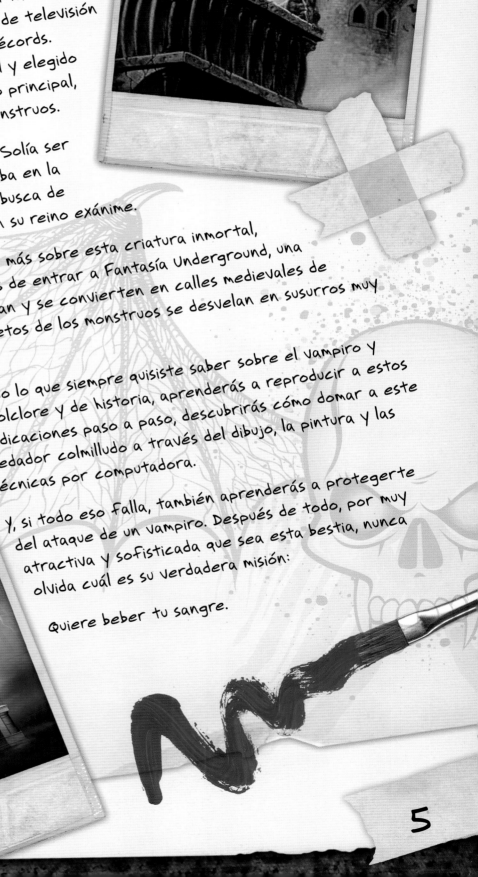

Si alguna vez has deseado saber más sobre esta criatura inmortal, llegaste al lugar indicado. Acabas de entrar a Fantasía Underground, una tierra donde las leyendas cambian y se convierten en calles medievales de adoquín, un sitio donde los secretos de los monstruos se desvelan en susurros muy bajos.

En este libro, encontrarás todo lo que siempre quisiste saber sobre el vampiro y más. Entre las secciones de folclore y de historia, aprenderás a reproducir a estos monstruos en el papel. Con indicaciones paso a paso, descubrirás cómo domar a este predador colmilludo a través del dibujo, la pintura y las técnicas por computadora.

Y, si todo eso falla, también aprenderás a protegerte del ataque de un vampiro. Después de todo, por muy atractiva y sofisticada que sea esta bestia, nunca olvida cuál es su verdadera misión:

Quiere beber tu sangre.

Capítulo 1:
Lo esencial de
los vampiros

La historia del vampiro

La controversia del vampiro

La luna llena se cierne en el horizonte y una multitud de aldeanos está parada alrededor de una tumba abierta. Pasa un segundo, y entonces se levanta la tapa del ataúd. Alguno acerca una linterna, lanzando rayos de luz hacia la figura familiar que descansa en el interior. Un grito profano sacude al pequeño grupo. La persona que está dentro del ataúd parece un monstruo, de piel rubicunda y abotagada, con sangre escurriendo por nariz y boca, hasta el cabello y las uñas están más largos que cuando enterraron el cadáver.

Además de eso, la pérdida de líquidos —cosa muy común después de la muerte— ha provocado que las encías se desvanezcan, por lo que ahora el cadáver sonríe con dientes largos y macabros.

En una época en la que no existía el embalsamamiento, todas esas eran señales naturales de descomposición.

Pero para la gente que vivió en Europa Oriental en el siglo XVIII, era sin duda la marca de un vampiro. Para estas personas, se trataba de un espantoso exánime, un demonio chupa sangre que debía ser destruido.

De manera sorprendente, ese no es el vampiro que conocemos hoy. Con el paso de los siglos, esta criatura ha pasado de un monstruo chupa vida a un libertino sobrenatural a un rompecorazones adolescente. En la literatura contemporánea, los protagonistas invitan de buen grado a los vampiros a cenar en casa, aunque en cualquier momento la mesa puede cambiar y el héroe o heroína pueden ser devorados. Programas de televisión como *The Vampire Diaries*, películas como *Crepúsculo*, y libros como *Entrevista con el vampiro* presentan un antihéroe moderno y compasivo que generalmente lucha con angustia y culpa contra su deseo de cenar sangre humana, un dolor que recuerda la situación apremiante del adolescente vegetariano.

¿Cuándo y dónde tuvo lugar este cambio?

Hasta hace poco, los vampiros eran rechazados y temidos en todo el mundo, a veces hasta el punto de la histeria colectiva. La gente exhumaba los cadáveres de sus seres queridos, les cortaban la cabeza y les clavaban agujas de hierro en el corazón. Desmembraban los cadáveres, quemaban los restos y después mezclaban las cenizas con agua. Esta asquerosa bebida se ofrecía a los familiares en un intento por detener el reinado del vampiro. A lo largo del siglo XVIII, Europa Occidental sufrió vampiromanía, con frecuentes avistamientos que casi causaron pánico. Funcionarios del gobierno escribieron libros y reportes de casos sobre el tema y, como consecuencia, la superstición cobró más fuerza, provocando que los aldeanos desenterraran más cadáveres y les clavaran estacas.

La Controversia de Vampiros del siglo XVIII, como se le llamó
después, se salió tanto de control, que la emperatriz María Teresa
de Austria finalmente aprobó una ley contra la práctica de abrir
tumbas y profanar a los muertos. Con esto se puso fin a la locura.

No obstante, a pesar de todo ello, la leyenda del vampiro
continuó. Se recordaban y se practicaban muchas supersticiones,
las historias que se contaban en voz baja y los supuestos
avistamientos mantenían viva a esta mítica bestia —aunque
la criatura siempre se consideró un monstruo exánime.
Era la bestia de las pesadillas, no de los sueños despierto.
Tuvo que pasar casi otro siglo para que surgiera nuestro
vampiro moderno, una criatura hermosa en forma, figura
y comunicación, que ahora posee la capacidad de encantar y
de seducir. Acertadamente nacido en medio de una tempestad
mundial, este nuevo monstruo sería moldeado como una figura
literaria sumamente romántica de proporciones épicas.

Mitos y leyendas

Para comprender bien el terrible reinado de esta criatura exánime,
debemos remontarnos miles de años para descubrir su verdadero linaje. Conocida como la
madre de todos los vampiros, Lilu o Lilith nació de una retorcida serie de leyendas oscuras.
Algunas afirman que fue la primera esposa de Adán; otras dicen que fue un demonio de
Mesopotamia. Y una de las primeras interpretaciones de ella con garras de pájaro y alas puede
verse en *Burney Relief*, alrededor de 1950 a.C. Más tarde, en el siglo IX a.C., resurgió en el panteón
de la demonología babilonia. Allí, se volvió famosa como una criatura malvada que acechaba y
mataba a mujeres embarazadas y bebés recién nacidos. Con una variedad de nombres, desde Lamia
hasta Kisikil-lilla-ke, sus míticas fechorías quedaron registradas en sumerio, akadio y hebreo.
Escritores contemporáneos como C.S. Lewis y Neil Gaiman se inspiraron en sus antiguas leyendas.
Se supone que la Bruja Blanca de Lewis de *El león, la bruja y el ropero* era descendiente de Lilith;
mientras que Gaiman incluyó a Lilith como la primera esposa de Adán en su cómic *Sandman*.

En el Egipto antiguo durante los años 1400 a.C., escuchamos otra leyenda de las infamias
de vampiros que giraba alrededor de la diosa Sekhmet. Esta diosa guerrera, cuyo culto fue tan
popular que pasó del Alto Egipto al Bajo Egipto, también era conocida como la que gobernaba la
menstruación. Un mito afirma que en una ocasión casi destruyó a la humanidad y su sed de sangre
tuvo que ser calmada a través de artimañas. Ra, el dios del sol, la convenció de que se bebiera el
Nilo, cuyas aguas corrían vastas y rojas; no obstante, el líquido no era sangre, sino una mezcla de
cerveza y jugo de granada —como consecuencia, su ira quedó apagada con la embriaguez.

También podemos encontrar más historia vampírica en la *Odisea* de Homero, que muchos
estudiosos ubican entre el siglo VIII y IX d.C. En este poema épico, Odiseo viaja al inframundo en
busca de consejo por parte de la sombra —o el fantasma— del profeta Tiresias. El héroe
sabía que para hacer que la sombra le hablara, necesitaba darle de beber la sangre
de una oveja sacrificada. No obstante, Odiseo pronto se encontró rodeado de sombras
ansiosas de beber la sangre que las haría hablar.

El que regresa de la muerte

El precursor más cercano a nuestro vampiro moderno se encuentra en la cultura pagana precristiana del pueblo eslavo. Con un sistema de creencias basado en el espíritu, este pueblo creía que el alma era eterna, así que honraban a los espíritus domésticos y practicaban cultos ancestrales. Creían que los espíritus podían ser buenos o malos y por eso había que aplacarlos antes de que causaran daño. Para los eslavos, un alma podía vagar 40 días después de muerto antes de emprender el camino a la vida eterna, y durante ese tiempo molestaba o bendecía a vecinos y familiares. Esta alma caprichosa también podía volver a habitar su cuerpo, convirtiéndose en un muerto vivo sediento de venganza, sangre y carne humanas. Se creía que los ritos funerarios adecuados daban la paz y la absolución a los espíritus sucios, sobre todo a las víctimas de suicidio, los niños no bautizados y a las mujeres acusadas de brujería, y así se evitaba su deseo de venganza contra los vivos.

Como estas creencias se mezclaron con las de las zonas romanizadas de Europa Oriental, vimos la inclusión de las *strigoi*, o brujas que se convertían en vampiros después de muertas. También las leyendas gitanas de la antigua India se agregaron a este creciente repertorio de monstruos. Entre las historias de vetalas, pishachas, Prét y Kali, la diosa de la oscuridad, había rituales para protegerse de los vampiros. Aquí es donde conocemos al dhampiro, un cazador de vampiros hijo de un vampiro. Algunos creían que los vampiros tenían la capacidad de volverse invisibles, pero el dhampiro podía verlos. Como consecuencia de esta leyenda, los impostores deambulaban por los Cárpatos, fingiendo ser dhampiros y representando batallas falsas para los aldeanos en las que luchaban contra estos enemigos invisibles. Quizá el dhampiro sirvió de inspiración para Van Helsing en *Drácula*; Blade en *El hombre araña, la serie animada*; Anita Blake en *Guilty Pleasures*, y Buffy en *Buffy, la caza vampiros*.

Vampiros humanos

No obstante, no todas nuestras leyendas de vampiros se han creado alrededor de criaturas mitológicas. Muchas se han basado en hazañas malévolas cometidas por humanos. A lo largo de los siglos, mucha gente ha recorrido laberintos de locura y presentado comportamientos psicópatas, tan locos que desde entonces se les ha etiquetado como vampiros. Aunque eran personajes históricos reales, la línea entre realidad y ficción a veces se borró —en parte porque la realidad era muy terrible para creerse, en parte porque las leyendas sobre ellos crecían cada vez que se contaban, y en parte porque era imposible comprobar muchos de los hechos.

La primera de estas figuras siniestras fue Vlad III, el Príncipe de Valaquia. También conocido como Vlad el Empalador, su truculento legado inspiró a Bram Stoker y se convirtió en el modelo del personaje de la famosa novela de Stoker, *Drácula*. Nacido en 1431, su nombre, Drácula, significa "hijo del dragón". En 1447, el padre y el hermano de Vlad fueron asesinados, y en 1459, tomó venganza arrestando y empalando a los responsables, un poderoso grupo de terratenientes aristócratas conocidos como boyardos. Con fama de haber matado a más gente que Iván el Terrible, una historia de Vlad Drácula cuenta que un ejército otomano invasor se dio la vuelta cuando vio su obra: un bosque de miles de cadáveres empalados que bordeaban la orilla del río Danubio. Aunque no se sabe cuánta gente murió a causa de los sádicos métodos de tortura de Vlad Drácula, se calcula que fueron entre 40 000 y 80 000.

El segundo ancestro de vampiros humanos de nuestra lista nació en 1560. La condesa Isabel Báthory vivió casi toda su vida en Hungría y después se ganó el sobrenombre "La condesa sangrienta". Báthory y sus cuatro cómplices fueron acusados y sentenciados por torturar y matar a 80 jóvenes mujeres, aunque un testigo afirmó que la cifra real ascendía a 600. En 1610, la sentencia de Báthory fue una extraña forma de arresto domiciliario en la que quedó tapiada en vida en una serie de habitaciones del interior de su propio castillo. Allí permaneció hasta que murió, cuatro años más tarde. Desde su muerte, las leyendas decían que la condesa se bañaba con la sangre de sus víctimas, quizá con la esperanza de encontrar la fuente de la juventud. No obstante, lo más probable es que cometiera esos crímenes como resultado de sus deseos inhumanos.

La última persona que influyó en nuestras leyendas modernas sobre vampiros no fue un asesino en serie. Fue un noble peligrosamente encantador, famoso por escribir volúmenes de poesía y tristemente célebre por sus relaciones románticas con hombres y mujeres. Acusado de tener una relación incestuosa con su media hermana y retado a duelos por sus críticos, entre sus numerosas relaciones amorosas había inglesas nobles y, muy posiblemente, una niña griega de 12 años. Si existiera un modelo para el vampiro atractivo y carismático con la habilidad para drenar la vida a aquellos a los que conocía, sin duda ese sería Lord Byron.

El monstruo romántico

Comenzó en 1816 —el año que no tuvo verano, cuando el clima del mundo cambió drásticamente a causa de la actividad volcánica en la montaña Tambora— cuando un grupo de escritores y poetas que se reunió en el lago Ginebra para pasar las vacaciones. En este grupo de literatos estaba Percy Shelley, Mary Godwin (más tarde conocida como Mary Shelley), Lord Byron y su médico personal, John Polidori. Sin poder salir por el deprimente clima, en poco tiempo se aburrieron de leer historias de fantasmas y decidieron escribir cuentos góticos de su puño y letra. De este desafío nació el *Frankenstein*, de Mary Shelly y "Fragmento de una novela", de Byron, el cual más tarde inspiró a Polidori para escribir la primera historia de vampiros inglesa. Publicado en 1819, el cuento de Polidori,

El vampiro, dio a conocer a los lectores a Lord Ruthven, el vampiro aristócrata.

Esta nueva bestia ya no mantenía parecido con el folclórico demonio de piel oscura, ahora era un noble de piel pálida, bien vestido, erótico y cautivador. Lord Ruthven fue creado a imagen de Lord Byron, acompañado por las aventuras románticas que hicieron eco a las aventuras y actividades desgastantes del poeta. Polidori utilizó las antiguas leyendas de vampiros como metáfora del estilo de vida depravado e inmoderado de Byron.

Esta nueva y oscura interpretación de las viejas leyendas resonó con lectores y escritores por igual y dio origen a un género nuevo. *El vampiro* inspiró a *Drácula*, de Bram Stoker y muchas otras historias escritas por autores como Alejandro Dumas, Edgar Allan Poe y Alexis Tolstoi. En años recientes, el vampiro ha pasado de protagonista romántico literario a antihéroe en el cine. Hoy el incomprendido chico malo con una maldición es más famoso que nunca en personajes como Edward Cullen de *Crepúsculo*, Stefan Salvatore de *The Vampire Diaries* y Bill Compton de *Dead Until Dark*.

Es posible que la locura de los vampiros del siglo XVIII nunca haya muerto. Tal vez simplemente estuvo esperando en la cripta a que llegara el día en que se abriera la tapa del ataúd y resucitara con la sangre fresca de los seguidores de todo el mundo.

En la novela de 1897 de Bram Stoker, el cazador de vampiros Abraham Van Helsing persiguió al legendario Conde Drácula. Nosotros tenemos páginas del diario ilustrado de Van Helsing con notas que él tomó cuando más tarde viajó por el mundo cazando y matando a estas bestias inmortales. Hasta predijo acertadamente los cambios y giros que tendría la evolución del vampiro en los siguientes siglos.

Creando el escenario

Nada dice mejor "vampiro" que un escenario taciturno, gótico.
Retorcidas calles adoquinadas, casitas con tejados de paja y
lámparas de gas colgando en las esquinas de las calles, todos
estos elementos ayudan a crear el escenario de tu ilustración y
lograrán que tu monstruo inmortal se vea aún más real.

15

Herramientas de trabajo

Desde tiempos inmemoriales, los cazadores de vampiros han clavado estacas a los exánimes. Generalmente guiados por dhampiros, o rastreadores medio humanos-medio vampiros, estos asesinos necesitan los instrumentos adecuados si quieren lograr su cometido. Dependiendo del lugar donde se dé la batalla, las armas van desde agua bendita y crucifijos hasta estacas de madera y balas de plata. En algunas partes del mundo, incluso un frasco de semillas de amapola o una bolsa de arroz resultan útiles, porque quizá el vampiro tenga que contar grano por grano antes de seguir con el alboroto por la sangre. Como esta labor podría tardar horas, siempre existe la esperanza de que el sol salga y termine la tarea antes de que más víctimas pierdan la vida.

La evolución del vampiro

Los vampiros han cambiado a lo largo de los siglos, y las leyendas sobre estas criaturas exánimes se extienden de un país a otro. Del folclore gitano que comenzó en el corazón de India a la novela contemporánea y romántica de vampiros, cada historia deja su huella en esta bestia inmortal. Un día, no sobrevivió a la luz del sol, ahora ésta lo hace brillar. Un día se deleitaba cazando para satisfacer su sed de sangre, ahora se arrepiente.

19

Materiales de dibujo

Dibujar vampiros es un poco más sencillo que pintarlos o meterlos a la computadora, así que empecemos por aquí. Básicamente, dibujar consiste en formas indicadoras y valores definitorios (la claridad u oscuridad de un color, o del negro). Como uno se apoya muchísimo en el valor para representar el tema, es importante incluir un rango de valores para tener variedad y contraste. Ten esto siempre presente durante el proceso de dibujo, desde las primeras etapas hasta los últimos detalles.

Lápiz negro

Lápiz gris cálido

Lápiz gris frío

Pincel Chico

Regla

Goma

Lista de materiales

Para hacer los dibujos que se proponen en este libro, necesitarás los materiales que se mencionan a continuación. Fíjate que los materiales exactos para cada tema se enlistan al principio de cada proyecto:

- Papel vegetal multimedia
- Lápiz negro
- Lápiz gris al 30%, cálido
- Lápiz gris al 30%, frío
- Goma
- Papel calca
- Regla
- Photoshop (opcional)
- Gouache blanco (opcional)
- Pincel chico (opcional)

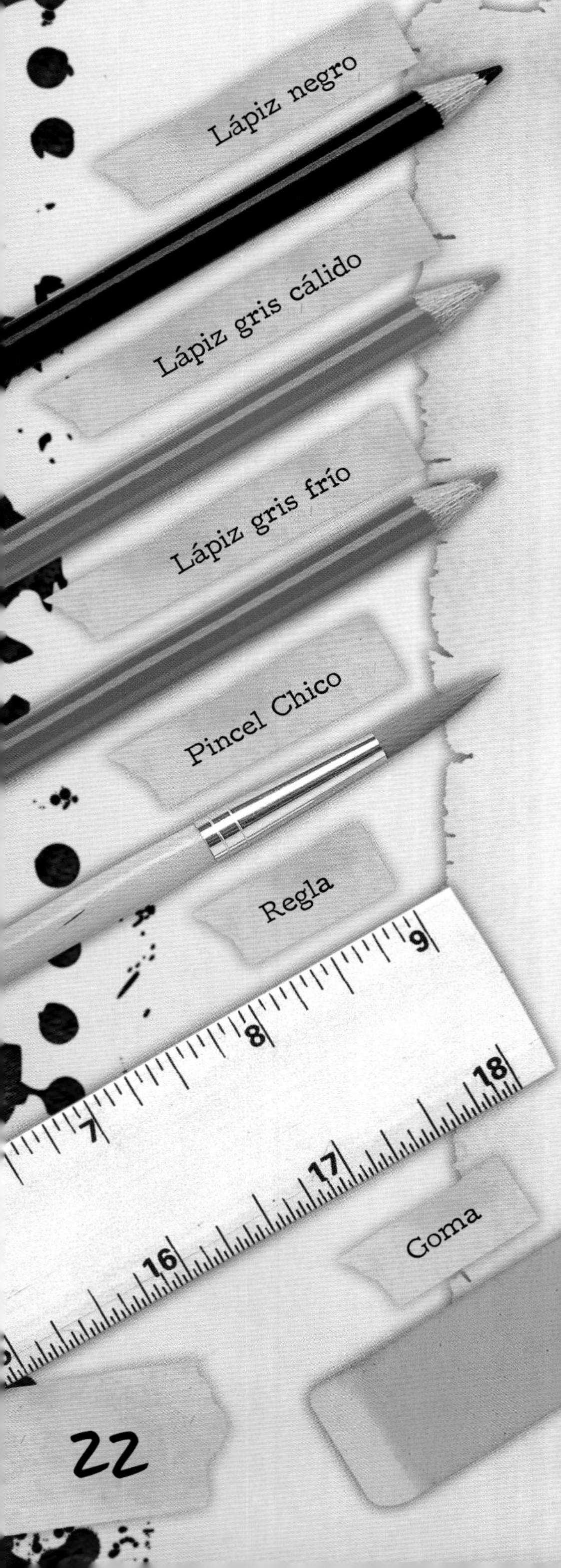

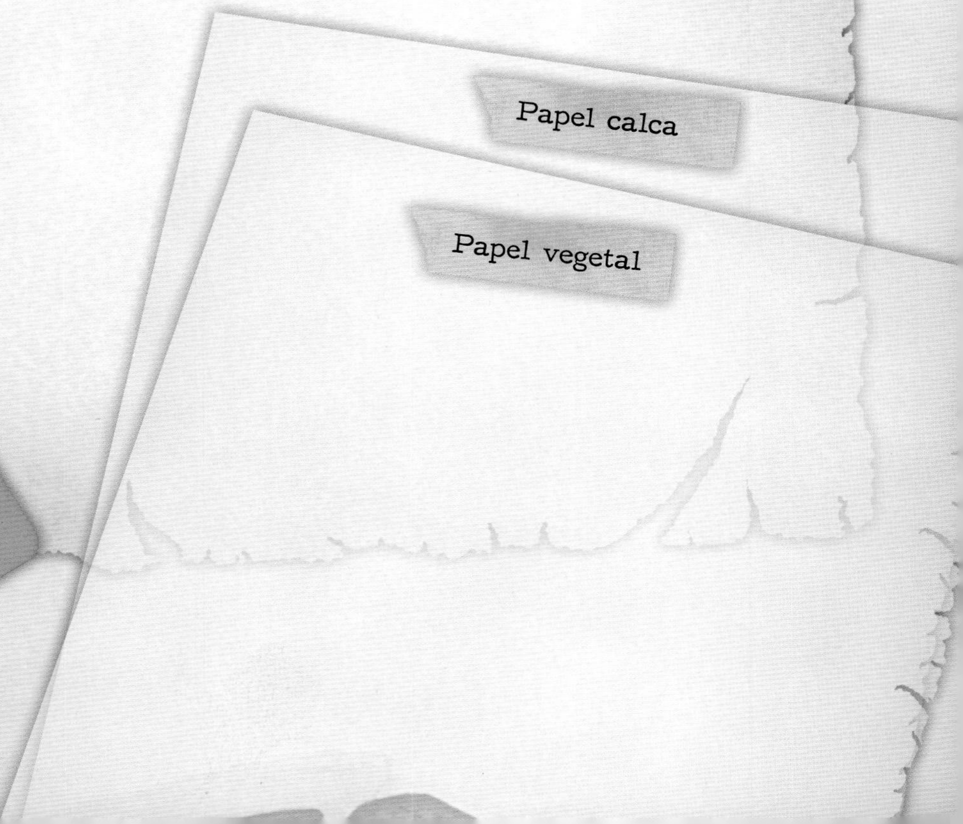

Papel calca

Papel vegetal

Mesa de luz

Será más fácil hacer los proyectos de este libro si tienes acceso a una mesa de luz, como la que aparece en la imagen del lado derecho. Esta superficie iluminada permite crear perfiles claros en los bocetos con tan solo colocar una hoja de papel sobre el boceto y calcando. Si no cuentas con una mesa de luz, te sugerimos que las primeras líneas de tu boceto sean muy tenues para que puedas borrarlas en una etapa posterior.

Lápices

Por lo general, los lápices de dibujo de grafito son "minas" de grafito incrustadas en madera. La mina viene graduada y casi siempre acompañada por una letra ("H" para "duro" y "B" para "suave") y un número (que va del 2 al 9). Entre más alto es el número que acompaña a la letra, más duro o más suave es el grafito. (Por ejemplo, un lápiz 9B es sumamente suave). Los lápices duros producen un valor tenue y pueden rayar la superficie del papel, mientras que los lápices más suaves producen valores más oscuros y se corren con facilidad. Por esta razón, elige un lápiz HB (también conocido como #2), que está justo entre el lápiz duro y el suave.

Además de los lápices de grafito, también utilizarás unos cuantos lápices de colores. Estos manchan menos y vienen en una amplia variedad de colores. (Consulta también "Lápices de colores" en la página 71.)

Goma moldeable

La goma moldeable es una herramienta útil que funciona como goma y como instrumento de dibujo. Puede moldearse en cualquier forma, haciendo más fácil eliminar el grafito de la superficie de dibujo. Para borrar, simplemente presiona la goma moldeable sobre el papel y levanta. A diferencia de las gomas moldeables, las de plástico o vinyl pueden dañar las superficies de dibujo delicadas, y no es nada fácil ser exacto.

Pinturas

El proyecto de este capítulo en su mayoría es dibujo, pero también se sugiere la pintura para resaltar áreas por aquí y por allá. El gouache (una acuarela opaca) y las pinturas acrílicas de la lista son solubles en agua, así que vas a necesitar una jarra con agua y algunas toallas de papel cuando las utilices. Puedes usar pinceles de cerdas naturales o sintéticas con el gouache, pero preferirás las cerdas sintéticas cuando uses acrílicos.

Fijador en aerosol para trabajar en él

Cubrir tus dibujos con una capa de fijador en aerosol ayuda a evitar que el dibujo se corra mientras trabajas. Es fácil que corras los trazos por accidente. El fijador en aerosol en el que puede trabajarse te permite que lo rocíes de vez en cuando durante el proceso de dibujo, así evitas accidentes.

Superficies de dibujo

Hay tres tipos de papel para dibujo: suave, texturizado y duro. Elige la textura de acuerdo con la imagen que desees. En general, el papel duro produce trazos rotos, no es recomendable para hacer detalles, pero es ideal para los bocetos. El papel suave permite hacer trazos delicados, controlados. Los proyectos de este capítulo requieren papel vegetal, el cual resulta una superficie adecuada para dibujos tipo multimedia.

23

Cazadora de vampiros

Esta provocativa cazadora de vampiros encontró inspiración en una variedad de subculturas populares, del steampunk al gótico al anime. Todos los aspectos de estos géneros son enigmáticos, pero al mezclarlos crearás algo nuevo, fresco y original. Nuestra cazadora está parada en la base de un castillo, lista para darle batalla a la hambrienta reina vampiro que reside en el interior.

Materiales
- Papel vegetal
- Lápiz negro
- Lápiz gris al 50%, cálido
- Goma
- Papel calca

▲ Paso uno Iniciamos esta ilustración con un inserto usando un lápiz negro sobre papel calca. Romper el cuadro conserva la dinámica de la composición. La cazadora está parada en el primer plano, mientras que todo lo demás forma un pico que señala hacia la guarida de la mortífera reina vampiro. (Puedes transferir este boceto, consulta "Cómo transferir un dibujo", en la página 25.)

Paso dos Las ondas de humo y la luna llena detrás del castillo tienen dos propósitos en esta ilustración. Primero, ayudan a establecer el ambiente oscuro, espeluznante que queremos proyectar. Segundo, ayudan a suavizar los bordes irregulares del castillo.

Nota: Es sumamente importante que mantengas el lápiz con punta afilada, sobre todo cuando se trata de dibujos de este tamaño y cuando se usa papel vegetal. Lo mejor es utilizar un sacapuntas eléctrico que produce puntas muy afiladas (de preferencia una punta de 16°). Después, puedes usar una lija de 600 para afilar más el lápiz. Con esto también se crea un borde cincelado, lo que facilita la variación del ancho de la línea cuando dibujas.

CÓMO TRANSFERIR UN DIBUJO

Para empezar los proyectos de este libro, quizá te resulte muy útil trazar los contornos básicos de la obra de arte final (o de uno de los primeros pasos). Transferir los contornos de una imagen a la superficie de tu dibujo o pintura es más fácil de lo que crees. El método más sencillo requiere papel transfer o carbón, el cual puedes adquirir en cualquier tienda de artes y manualidades. El papel transfer es una hoja delgada de papel cubierta de grafito por un lado. (También puedes hacer tu propio papel transfer cubriendo un lado de una hoja con grafito de un lápiz.) Simplemente sigue los pasos que a continuación se presentan.

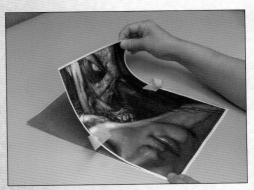 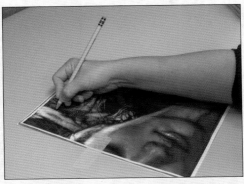 

Paso 1 Saca una fotocopia de la imagen que quieres transferir y amplíala al tamaño de la hoja de dibujo o del lienzo. Luego, coloca la fotocopia en el papel transfer y fíjala con cinta adhesiva.

Paso 2 Traza suavemente las líneas que quieres transferir a la superficie de tu dibujo o pintura. Cuando transfieras una guía para un proyecto de dibujo, usa la menor cantidad de líneas posible y sólo indica la posición de cada elemento. No querrás borrar muchas cosas cuando quites el papel transfer.

Paso 3 Durante los trazos, levanta de vez en cuando la esquina de la fotocopia para comprobar que las líneas estén transfiriéndose correctamente. Continúa trazando sobre la fotocopia hasta que hayas transferido todas las líneas.

▼ **Paso cuatro** En este paso, comenzarás a trazar el entorno. Dependiendo de la cantidad de detalles que tenga el dibujo, te gustará mantenerlo sumamente limpio. Entonces, usa plantillas de círculos para la luna y los faros del vehículo. Una vez que termines, puedes volver a dibujarlos a mano para que no luzcan tan tiesos. Ahora que las partes grandes del dibujo ya se colocaron, oscurece las líneas, variándolas de gruesas a delgadas. Al hacer esto, marcas la profundidad y la perspectiva al mismo tiempo que conservas una energía dinámica.

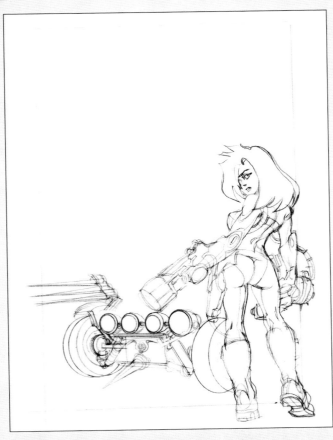

▲ **Paso tres** A continuación, toma una hoja de papel vegetal y colócala sobre el borrador del boceto. Después, traza sobre el boceto con ayuda de una mesa de luz, si se puede. Trata de mantener las líneas lo más limpias posible. Quizá tengas que hacer algunos cambios conforme creas conveniente. Yo agrandé la pistola y añadí unas cuantas armas más a su colección. Recuerda conservar variadas tanto la calidad de las líneas como las formas, para que el dibujo tenga movimiento.

◄ **Paso cinco** Ahora, empezaremos a crear un diseño enigmático pero gótico para el castillo, con líneas que sobresalgan de la arquitectura. Intenta hacer interesantes formas positivas y negativas a los costados de la estructura también. Recuerda que las formas que no dibujas son igual de importantes para la estética general como las que sí dibujas.

▶ **Paso seis** Fíjate que los murciélagos están volando lejos de la cazadora, conduciendo tu vista hacia el castillo donde espera la mortífera reina vampiro. Ahora que las figuras grandes ya están trazadas, podemos empezar a agregar los detalles pequeños del castillo. Con un lápiz negro de punta bien afilada, dibuja líneas y formas que acentúen las curvas de los chapiteles y los diferentes escalones del castillo. También expande la base mucho más allá del marco para darle más fuerza a la estructura.

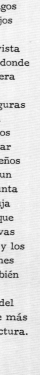

◄ Paso siete Termina de trazar a la cazadora de vampiros y empieza a agregar algunos valores a su cabello y espalda. Igual que los populares personajes urbanos de fantasía, la cazadora es sexy pero dura. Exagera su pose y sus atributos femeninos sin llegar al grado de que se vea ridícula. Insinúale músculos tensos y cárgala de armamento que sólo una cazadora de fuerza superior podría cargar.

▲ Paso ocho Aquí, comenzarás a añadir todos los detalles extravagantes al castillo. Todo depende de la imaginación, pero dibuja inspirándote en las culturas góticas y steampunk,[1] creando así aparatitos de ornato y diseños que pudieran funcionar con vapor pero con aire moderno.

---

[1] N. de la T. El steampunk es un subgénero de fantasía y ciencia ficción con detalles ambientados en una época donde aún se usa la energía a partir del vapor, pero con elementos de ciencia ficción o fantasía, desarrollos tecnológicos ficticios o reales de una época más moderna.

◄ Paso nueve Pareciera que pasarás días en el castillo, pero en realidad la arquitectura está hecha con simples círculos, triángulos, cuadrados y demás. Para agregarle mayor dimensión a los pequeños detalles, usa un color gris al 50% cálido y traza rápido las figuras más chicas. Si la arquitectura es producto de tu imaginación, ten en cuenta varias cosas: varía las figuras y las líneas, conserva una perspectiva coherente y elige una fuente de luz. ¡Y diviértete!

◄ Paso diez En este paso, vamos a seguir trabajando con la cazadora. Concéntrate en sus valores y haz que se vea un poco más tridimensional. En contraste con el castillo, conserva las formas de la chica redondas y suaves, haciéndola atractiva y coqueta.

◄ Paso once A continuación, sigue la misma técnica con el fondo del castillo, variando las líneas y las formas. Después, crea un pequeño pueblo en la base del castillo, uno que viva bajo el dominio opresor de una reina vampiro. En este punto, transformaremos la calle y le pondremos adoquín. Esto hará énfasis en el hecho de que el pasado, el presente y el futuro coexisten en este mundo abandonado.

Paso doce Ahora, vamos a darle un poco más de tono a la cazadora. Exagera el giro de su espalda dándole a su costado derecho un valor completo de sombra. No pongas demasiados detalles en esta área porque el castillo está lleno de detalles y el dibujo requiere formas grandes y limpias para crear equilibrio. También, en este punto, vamos a darle otro enfoque a sus botas. Como el steampunk sirvió de inspiración para este dibujo, haz sus botas un poco más femeninas y agrégale algunos toques victorianos.

29

Paso trece Para el vehículo de la cazadora de vampiros, usa tus conocimientos sobre autos como punto de referencia, pero añádele unos cuantos adornos fantásticos. Pero conserva un diseño bajo, agresivo y utilitario. Ahora, ponles un poco más de adornos a las botas y agrégales unos lazos más para que combinen con las puntadas de la espalda y la pierna.

Paso catorce Estamos en un mundo escalofriante y misterioso. Para transmitir esa atmósfera, haz una luna sumamente grande y utiliza el costado del lápiz para rodearla con virutas de humo y nubes. También agrega vapor a los bordes superiores del marco y sobre el pequeño pueblo para darle más movimiento.

Paso quince A continuación, dale al poco usual pantalón de la cazadora un valor propio. Sin el tono, parece que es la piel lo que tiene cosida y no la tela. Para hacer énfasis en sus voluptuosos atributos, usa una goma moldeable para marcar los toques de luz.

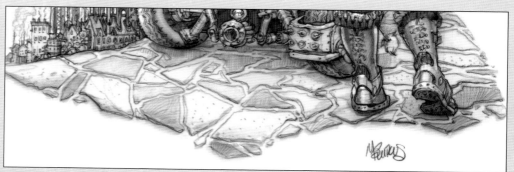

Paso dieciséis No queremos llamar mucho la atención hacia el adoquín, pero necesitan textura propia. Combina texturas desde valores planos hasta puntos y trazos, sin darles un valor más oscuro que el medio. No termines el camino más allá del marco; de esta manera, los bordes de las piedras enmarcan el dibujo. Recuerda que el borde es igual de importante en la composición como el resto de los elementos de la imagen.

Paso diecisiete El dibujo de la
cazadora de vampiros está terminado.

La casa internacional de los vampiros, parte I

La mayor parte de nuestras leyendas de vampiros actuales tienen su origen en el folclor de Europa Oriental. No obstante, a lo largo de los siglos muchas culturas del mundo han creído en criaturas míticas con características similares. De un espíritu frustrado a una diosa oscura a un metamorfo jumbie,[1] estos cocos macabros son casi motivo suficiente para que canceles esas vacaciones en el extranjero.

---

[1] N. de la T. Un jumbie es un fantasma del Oeste de India.

India

Bhuta o Prét:

El Bhuta es el espíritu de una persona que murió sin haber cumplido sus deseos, por lo que añora volver a tener cuerpo humano. Los hindúes creen que esos espíritus pueden poseer a los humanos y provocar enfermedades, desdicha y un comportamiento extraño.

La diosa Kali:

Kali, una diosa india con cuatro brazos, tiene colmillos y usa un collar hecho de cráneos. Supuestamente ganó una batalla contra el demonio Raktabijo, quien podía regenerarse con una sola gota de su sangre. Para evitarlo, Kali le sacó y se bebió toda su sangre sin derramarla en el suelo.

Escocia

Baobhan Sith:

Este impresionante vampiro se presenta tan bella como una mujer y por lo general caza a los viajeros que van a las tierras altas. Tiene una inclinación especial por los cazadores, porque generalmente traen el aroma de la sangre en sus ropas. También puede atraer a un hombre joven para que baile con ella y después sacarle la sangre cuando la presa se agota de bailar.

Japón

Los nukekubi:

Estas criaturas parecen humanos, pero tienen la capacidad de separar su cabeza y cuello de su cuerpo. En la noche, la cabeza de los nukekubi se despega y vuela por el aire, gritando y mordiendo víctimas humanas.

Escocia

China

Japón

India

África

China

Los chiang-shih:

Una aterradora combinación de vampiro con zombi, esta monstruosa bestia comienza su reino de terror después de resucitar de entre los muertos. De uñas negras, los chiang-shih tienen la piel blanca con moho verde en la carne. Con los brazos extendidos, estos seres nocturnos saltan de aquí para allá con la intención de sacar la fuerza de vida, o *qi*, a sus presas.

África

Asanbosam o Sasanbosam:

Este monstruo habita en árboles y devora a sus presas con sus dientes de hierro. Con una apariencia similar a la de los humanos, los asanbosam atacan a quien se cruce en su camino.

Obayifo:

Una bruja ashanti de día, de noche este vampiro vuela para cazar niños. Con un intenso apetito, este monstruo también es capaz de beberse la savia de todo un campo de cultivo si lo desea.

Insaciable

Después de una carnicería, esta bestia tipo vampiro acaba de atiborrarse de comida. Temporalmente satisfecho su frenesí por la comida, está de pie con una mirada desafiante y una postura que pareciera sugerir que bien podría comerse un segundo pueblo. Este proyecto se enfoca en múltiples perspectivas y ángulos yuxtapuestos, así como formas positivas y negativas.

Materiales
- Papel calca
- Papel vegetal
- Lápiz negro

▲ **Paso uno** Comenzaremos este proyecto planeando una escena espantosa con un lápiz color negro en papel calca. En este punto decides hasta dónde quieres llevar a este aterrador y glotón personaje. El objetivo de esta ilustración es hacerla lo más perturbadora posible. (Puedes transferir este boceto; consulta "Cómo transferir un dibujo", en la página 25.)

◄ **Paso dos** Usando como base la uña de tu pulgar, crea un dibujo lineal en papel vegetal. Esta ilustración va a ser fuerte, así que el enfoque para las primeras etapas será muy diferente al que usamos en la Caza vampiros de la página 24. Marca los patrones oscuros del rostro del personaje principal, dejando los ojos en la sombra. También dibuja tenuemente los contornos de la luz y los patrones oscuros en su cuerpo y el pantalón.

Paso tres A continuación, comienza a dibujar el fondo, incorporando un pintoresco poblado rural como escenario. Como alzamos la vista para ver al personaje principal, su cabeza se eleva por encima de los techos, lo que hace que se vea más alto que en la realidad. Otra forma de volver más imponente a tu personaje es dibujarle una cabeza mucho más pequeña en comparación con su cuerpo.

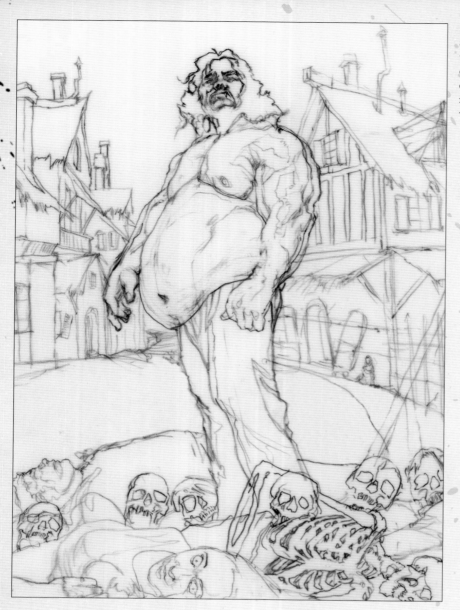

◄ **Paso cuatro** Ahora, empieza a marcar los cientos de cráneos y cadáveres que dejó como consecuencia el apetito insaciable de este vampiro. Asegúrate de reducir su tamaño conforme se vaya en perspectiva.

► **Paso cinco** Empieza a sombrear los valores del cabello y la parte superior del cuerpo del vampiro. Procura que los trazos del lápiz sean constantes, así tus valores se mantendrán limpios. Agrega una cabeza a medio comer en una mano. Los cadáveres que están en la calle atrás de él se veían un poco exagerados.

▲ **Paso seis** Aunque tiene un poco de panza, querrás que se vea fuerte y agresivo. Dibuja su musculatura alternando la dirección de los trazos del lápiz, haciendo que parezca que podría estar hecho de granito.

◄ Paso siete Comienza a incorporar patrones grandes y oscuros en el fondo, manteniendo los valores 15% más claros que la línea que los sostiene. Esto le da una base sólida a la composición, crea una sensación de misterio y revela formas atractivas al mismo tiempo.

▼ Paso ocho Arquea un poco el suelo. Haz que parezca que está cediendo al enorme peso de nuestro hambriento vampiro y toda la carnicería que dejó atrás después de su reciente comida.

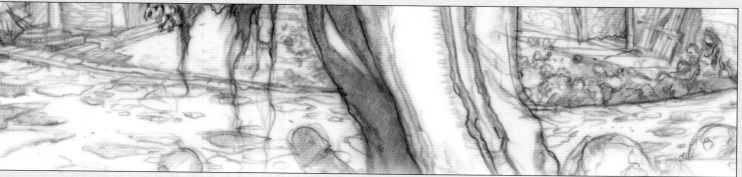

◄ Paso nueve Los ladrillos y los esqueletos se utilizan para romper el marco, creando un borde mucho más dinámico.

TRIVIA DE VAMPIROS

Pregunta:
¿Qué serie de televisión, creada por John Leekley y Mark Rein-Hagen, fue cancelada después de ocho episodios?
Pistas: Esta serie de ciencia ficción de canal FOX tenía como personaje principal a C. Thomas Howell en el papel de detective de policía. El personaje de Howell descubrió que San Francisco albergaba a cinco grupos de vampiros.

RESPUESTA: *Kindred the Embraced*

▲ Paso diez Comienza a aplicar un valor medio al poblado. Varía los trazos de acuerdo con los planos cambiantes de cada estructura. Para conservar la sensación de encanto del Viejo Mundo, dibuja todos los edificios con la mano, sin ayuda de la regla.

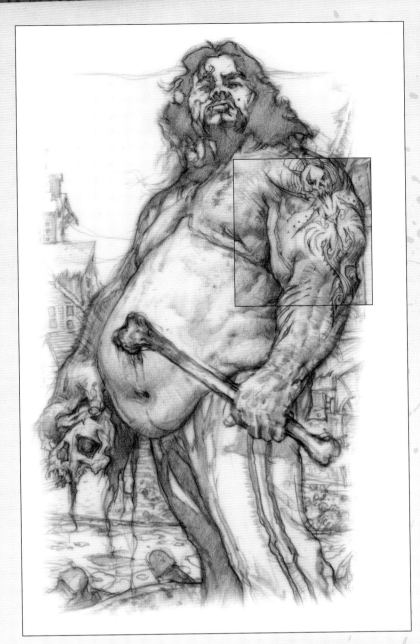

Paso once Para hacer que se vea mucho más intimidante, diseña un tatuaje de un demonio para su brazo y agrega algunos rasguños al antebrazo. Haz que le sobresalga el vientre oscureciendo el valor a lo largo de su perímetro. También agrega un patrón de sombra al pantalón justo debajo de la panza, exagerando más su tamaño.

Paso doce Oscurece un poco más los valores y la línea que los sostiene. Como los valores de esa área contrastan con fuerza, asegúrate de que las figuras positivas y negativas estén definidas y sean atractivas.

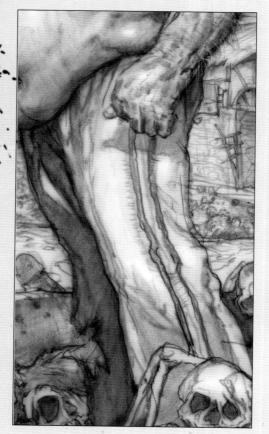

◄ Paso trece Sí, este vampiro viste pantalón deportivo. Este pequeño detalle hace que el espectador no esté seguro en qué siglo tuvo lugar esta atrocidad. Fíjate cómo la pierna de atrás está envuelta en sombras. En un dibujo con tantos detalles como éste, es necesario que crees equilibrio usando figuras largas y sólidas. Los patrones de sombras gráficas también ayudan a agregar más masculinidad a la imagen.

▲ Paso catorce ¿Está recostada en un charco de sangre o es su cabello? Dejar ciertos elementos del dibujo sin explicar es otra manera estupenda de poner nervioso al espectador. Esta masa oscura en la esquina inferior sirve para fijar la composición.

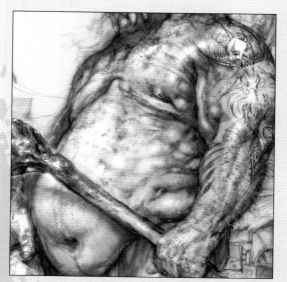

◄ Paso quince Ahora, llevemos esta imagen macabra un paso más adelante. Agrega un fémur humano al puño cerrado de su otra mano. Haz un hueso muy largo, insinuando así que la víctima a la que pertenecía no era ningún enclenque. Añade algunos furúnculos por aquí y por allá en el costado de su estómago sombreando ligeramente suaves círculos.

◄ Paso dieciséis La cabeza de este vampiro está conformada por figuras oscuras y claras. Delineando todas las figuras con una línea ligeramente más oscura, puedes crear formas gráficas sin perder gran parte del misterio.

Paso diecisiete Además del incómodo tema, esta ilustración es un ejemplo de muchas cosas. En el entorno, estamos mostrando múltiples perspectivas y ángulos yuxtapuestos. Los cadáveres tienen muy pocos detalles, pero aun así se ven con claridad porque están hechos con figuras positivas y negativas. El fondo es un segundo indicador. Si miras de cerca, verás toda la locura y el caos que provocó este vampiro en su última carnicería en el pueblo.

Vampira punky

Con un toque de inocencia juvenil, a esta vampira le gusta la humeante sangre caliente de los demonios. Valiente, excéntrica y extravagante, el personaje de esta ilustración definitivamente no sigue los pasos de nadie más. La posición de cuerpo, su ropa y hasta la inclinación de su cabeza, todo expresa que esta vampira es única.

Materiales
- Papel vegetal
- Lápiz color negro
- Lápiz color gris al 30%, cálido
- Goma
- Papel calca
- Photoshop® (opcional)

▲ **Paso uno** Para crear esta vampira valiente, necesitamos darle una pose estrafalaria pero inquietante. En este boceto preliminar, verás que está sentada en el cuerpo sin vida de su víctima. En este punto, bosqueja una base tosca usando un lápiz de color negro sobre una hoja de papel calca. Su expresión facial, más la posición de sus brazos y sus piernas, revelan su excéntrica personalidad. (Puedes transferir este boceto; consulta "Cómo transferir un dibujo" en la página 25.)

▲ **Paso dos** En este paso, seguiremos experimentando con la posición del cuerpo de la vampira. El lenguaje corporal de este personaje dice mucho de la historia, así que queremos que sea perfecto. También es importante que el dibujo se haga por bloques para asegurar que la anatomía sea correcta. Su expresión facial es sumamente importante, así que quizá quieras probar diferentes imágenes para la boca y los ojos.

▲ **Paso tres** Ahora, empieza el dibujo final usando un lápiz de color negro con punta afilada sobre una hoja de papel vegetal. Para una posición más extravagante y menos agresiva, recarga su brazo detrás de la rodilla, como en la imagen. Después, haz las piernas hacia delante y exagera el escorzo aún más. Para añadirle más misterio, dale ojos oscuros y abundantes pestañas.

Paso cuatro Comenzaremos con las botas porque están en el primer plano. El estilo de las botas dictará el enfoque del resto del conjunto. Poniéndoles hebillas gruesas, agujetas y "colmillos" propios, se verán toscas y casi vivas. El hecho de que vista dos botas que no hacen par sólo acentúa su excentricidad.

◄ Paso cinco Sobre el hombre muerto. A primera vista, parece un tipo común y corriente, pero en realidad es un demonio —justo la clase de alimento que le gusta a esta vampira chiflada. Aunque es difícil conseguirla, la sangre de este demonio es como exquisito vino para esta exigente vampira. Pero no queremos que éste llame mucho la atención, así que conserva sus valores en el mínimo y suaviza sus bordes. Ocupa un segundo lugar en la imagen, como un mueble en una habitación.

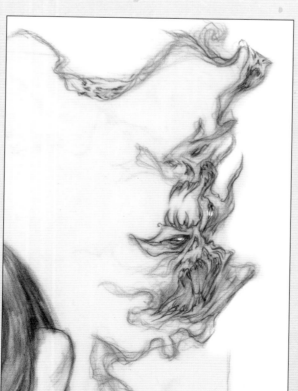

◄ Paso seis El marco de una ilustración es casi tan importante como el dibujo mismo y le da una dimensión completamente nueva. El humo que sale de las heridas de las mordidas del demonio es en realidad el alma que se escapa. Diseña caras de monstruos en el humo para representar lo repugnante que alguna vez fue esta alma. Asegúrate de mantener los bordes suaves y las figuras ligeramente retorcidas y pandeadas. Nota: Si te cuesta trabajo dibujar humo que parezca real, intenta encendiendo un montón de pañuelos húmedos y observa cómo sale el humo de ellos. Las figuras son muy bellas y gráficas.

Paso siete Agrega tono al cabello de la vampira, haciendo los trazos en la dirección del crecimiento del cabello. Marca los reflejos con una goma. Ahora, empieza a añadir más accesorios para definir el estilo único de esta vampira. Cuando estuve en Europa, me paseé por una tienda maravillosa dedicada a la cultura gótica. Encontré piezas de joyería bellamente labradas y largas cadenas. Traté de diseñar la joyería de esta vampira con base en esos recuerdos, exagerándolos un poco más.

▲ **Paso ocho** Ahora, terminaremos el detallar el resto de nuestro dibujo. Conserva fuertes y gráficos los pliegues de la tela que tiene entre las piernas. Fíjate que las líneas se doblen alrededor de su muslo para darle más dimensión. Los pliegues pueden debilitar considerablemente un dibujo si no lucen reales. Quizá quieras tender una tela sobre una figura similar a tu sujeto para tener la referencia.

▶ **Paso nueve** Termina de detallar el resto del dibujo, y después empieza a añadir los valores más oscuros. Aclara sus ojos y oscurece un poco el tono de su piel. También alárgale el cabello, asegurándote de que los bordes queden extremadamente suaves.

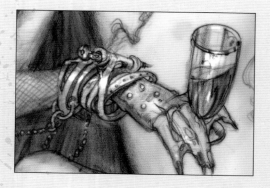

Paso diez Su joyería está hecha con una mezcla ecléctica de metales, así que con la goma (la que sea funcional) marca brillantes reflejos en el centro. En cuanto a la copa con la sangre del demonio que cuelga precariamente de sus dedos, conserva las formas definidas y dale brillo al reflejo del vidrio.

Paso once Aunque esta vampira es una depredadora de demonios aterradora, tiene rostro juvenil —cuando guarda los colmillos. Para lograr esa imagen, ponle facciones suaves y redondas, e incluso agrégale algunas pecas. Dale grandes ojos de ciervo y nariz chata y pequeña.

46

Paso doce En este paso, vamos a extendernos en la idea del alma fea del demonio. Para el fondo, usa un lápiz color gris al 30% cálido y diseña la amenazante aparición de un cráneo en el humo. Varía el grosor de la calidad de la línea y conserva los bordes firmes.

▲ Paso trece Permitiendo que las figuras de humo interactúen íntimamente entre ellas, creamos un fondo entrelazado con detalles complicados como un tapiz elaborado. En realidad, te llevará muy poco tiempo hacerlo.

▲ Paso catorce Aquí terminaremos de agregar los acentos oscuros y los toques de luz a las botas. Para darles más personalidad a los zapatos, incorpora varias texturas en diferentes partes. También recuerda variar la dirección de los trazos del lápiz para añadir dimensión y peso.

◄ Paso quince Si quieres realzar tu dibujo digitalmente, escanéalo en Photoshop. Aquí, oscureceremos toda la ilustración aproximadamente 15% usando la herramienta "levels" (consulta la página 107). Puedes usar la herramienta eludir o borrar para acentuar los toques de luz. Fíjate que yo separé su cabeza y la incliné 15 grados más o menos a la izquierda, acentuando mucho más su excéntrica personalidad. Recuerda que tienes mucha libertad para experimentar cuando metes el dibujo en Photoshop.®

► Paso dieciséis Aquí tenemos el dibujo final.

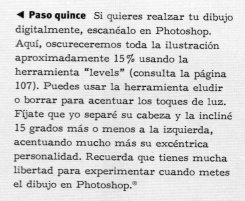

49

La casa internacional de los vampiros, parte 2

Desde las sofocantes islas del Caribe hasta las junglas envueltas en neblina del sur de África, los vampiros siguen dejando su marca en todo el mundo. A veces, usando la piel de un tentador humano, otras fingiendo ser un niño abandonado, en ocasiones volando en la noche como una serpiente demoníaca, su objetivo siempre es el mismo: quieren beber tu sangre.

Haití
Loogaroo:

Esta criatura, que se cree es una bruja que hizo un pacto con el diablo, caza de noche, ocultando su piel humana debajo de un árbol de seda y algodón. Usando poderes mágicos, la loogaroo tiene la consigna de abastecer al diablo de sangre tibia.

Trinidad
Soucouyant:

Muy similar a la loogaroo, esta metamorfa también está aliada con el diablo. Cambia de piel en la noche, escondiéndola debajo de un mortero de piedra, y sale volando en busca de sangre. La soucouyant generalmente aparece como bola de fuego y debe volver antes del amanecer, como la Cenicienta.

Filipinas
Manananggal:

En el día, la manananggal es una encantadora anciana, pero en la noche se suelta el pelo. Su cabeza y entrañas se desprenden del cuerpo y vuela por el aire con alas como de murciélago. Se alimenta de los fetos y la sangre de las mujeres embarazadas, que devora con una lengua larga y hueca.

Tiyanak:

Este encanto provoca más problemas que nada en el bosque. Este vampiro, que se cree era un niño humano que murió, parece un niño abandonado y engaña a los humanos para que lo lleven a su casa. Entonces, ataca cuando todos están dormidos. Al tiyanak también se le atribuyen secuestros de niños y desapariciones de humanos en el bosque.

Malasia
Langsuir:

Su hambre es producto del dolor, pues la leyenda cuenta que esta vampira fue alguna vez una mujer que perdió a su hijo durante el parto y ella murió poco después. La langsuir, ahora una criatura demoníaca de largo cabello negro y uñas largas, tiene la capacidad de cambiar y tomar la forma de un búho. Se alimenta de la sangre de niños.

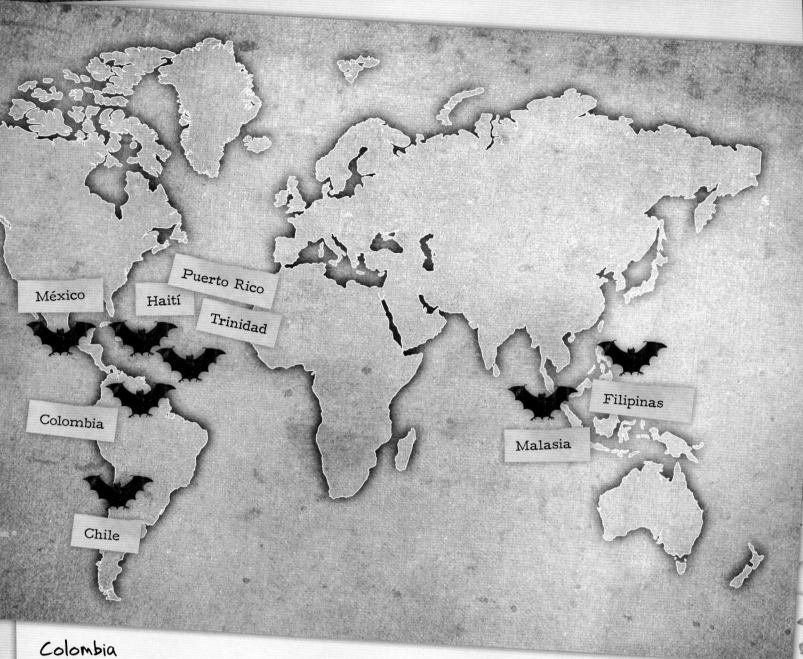

Los nombres en el mapa: México, Puerto Rico, Haití, Trinidad, Colombia, Chile, Malasia, Filipinas

Colombia

Patasola:

Este metamorfo generalmente se presenta como una hermosa mujer y busca atraer a los hombres hacia el páramo. Allí, revela su verdadero deseo para la sangre y la carne humana. No obstante, en su forma original, la patasola está deforme y tiene una sola pierna.

Chile

Peuchen:

Igual que al vampiro común y corriente, a esta serpiente voladora con habilidades de metamorfo le gusta la sangre. Se supone que la peuchen, a quien con frecuencia se le atribuye la muerte de ovejas, tiene la capacidad de encantar a sus víctimas con una sola mirada.

Puerto Rico, México

Chupacabras:

El monstruo más nuevo del equipo, el chupacabras, se vio por primera vez en la década de 1990 en Puerto Rico. Acusada de atacar al ganado vivo y chuparle la sangre a través de uno o dos agujeros pequeños, esta criatura supuestamente ha sido vista en la zona que abarca desde Chile hasta las islas Carolinas. Las descripciones varían de una bestia en forma de perro a una criatura con forma de lagartija.

Sangre adolescente

Enamorarse de un vampiro adolescente trae toda clase de problemas. Hasta ir caminando de la escuela a la casa puede poner en riesgo la vida. Nuestro moderno héroe romántico parece tranquilo y displicente cuando se trata de salvar a su novia de la muerte, pero eso es sólo porque tiene otras cosas en la cabeza. Por ejemplo, cómo va a explicar su última hazaña sobrenatural cuando todas esas fotos tomadas con celulares se extiendan como la peste.

Materiales
- Papel calca
- Papel vegetal
- Lápiz de color negro
- Lápiz de color gris al 30%, frío
- Goma
- Photoshop® (opcional)

▲ **Paso uno** Esta ilustración en blanco y negro comienza con un boceto en papel calca con lápiz de color negro. Queremos que nuestro personaje adolescente sea ultra tranquilo, capaz de detener un camión enorme con una sola mano. En el boceto, trabaja el lenguaje corporal y el tamaño del vampiro con relación al camión destrozado antes de comenzar el dibujo final. (Puedes transferir este boceto; consulta "Cómo transferir un dibujo", en la página 25.)

◄ **Paso dos** Ahora, transferimos nuestra ilustración a papel vegetal. En este punto, decidí agregar una linda chica —una idea estupenda porque ayuda a la composición y a la historia. No obstante, seguimos queriendo que nuestro vampiro adolescente sea el personaje principal, así que mantén a la novia detrás de él. A juzgar por los libros de texto que ella trae en la mano, venían inocentemente de la escuela cuando de repente un cazador de vampiros intentó atropellar a los dos tórtolos.

Paso tres Como será un dibujo lleno de valores, quizá quieras tomar una foto como referencia. Cuando consigues que un familiar o un amigo modelen para ti, logras reproducir con más facilidad las sutilezas del lenguaje corporal. Traza el patrón de sombra del personaje linealmente con un valor más claro con respecto a la fotografía.

Paso cinco Después, comenzaremos a trabajar los rostros. El de él es inexpresivo, mientras que el de ella es recatado, confiada en que su novio logrará ponerlos a salvo de nuevo.

Paso cuatro Aunque no sabemos cómo se vería un camión que fuera "detenido" por un vampiro, imagínatelo como un acordeón replegado en sí mismo. Diviértete con las formas e incluye los elementos típicos de la parte frontal de un camión. También hazlo parecer una boca abierta que está a punto de devorar a los tórtolos adolescentes.

Paso seis Como trazamos los patrones de sombra primero, casi no toma tiempo llenarlos con sus valores. Mantén los bordes de las sombras principales del vampiro firmes y gráficos para definir sus músculos.

Paso ocho A continuación, empieza a agregar detalles a la ropa. En este punto, le pondremos a ella una falda tableada con un diseño divertido para que se vea más simpática. Al pantalón de mezclilla de él ponle bordes almidonados para que reflejen la textura del material. También añade algunos acentos oscuros en sus ropas para equilibrar el valor oscuro del cabello de ella.

Paso nueve Comienza a sombrear
algunas de las figuras grandes del
camión. Varía los trazos para añadir
energía al dibujo. Como gran parte
del diseño viene de tu imaginación,
asegúrate de que las figuras claras y
oscuras sean interesantes y tengan
ángulos en diferentes direcciones. Cuando
uno inventa objetos mecánicos, hay que
conservar las líneas tensas y limpias y
las figuras gráficas.

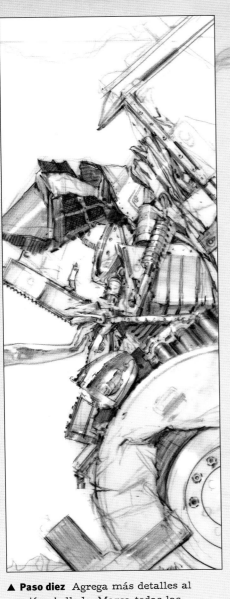

▲ **Paso diez** Agrega más detalles al camión abollado. Marca todas las tuercas y tornillos con puntos circulares. Después, añade toques de luz muy marcados en el centro de todas las figuras ya que en su mayoría son de metal.

▶ **Paso once** Aplica un valor medio en el resto de las figuras y luego añádeles acentos oscuros. Agrega más texturas para describir las diferentes autopartes. Por ejemplo, fíjate en las sombras con cuadrículas de la parrilla. Con un lápiz color gris al 30% frío, dibuja líneas serpenteantes todo alrededor del camión para expresar la energía y la vibración que provoca el impacto.

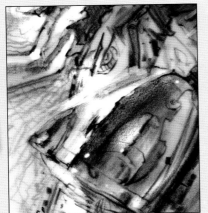

◀ **Paso doce** Cuando se plasma cromo reflejante, lo primero que necesitas es aplicar un tono medio. Después, hazle una sombra gráfica y fuerte en el centro para que se ajuste a la forma del objeto. Después de eso, pon un toque de luz intenso justo a su lado. Si refleja una escena llena como esta, diseña formas atractivas dentro de las áreas de sombra.

▲ Paso trece Usa el humo proveniente del camión para crear un borde suave alrededor de la imagen. También incorpora al marco los papeles escolares que salen volando. Intenta, en la medida de lo posible, que los bordes sean parte de la historia.

▶ Paso catorce La chica puede estar enamorada de un asesino chupa sangre, pero sigue siendo una adolescente común y corriente. Ponle accesorios como joyería brillante, una mochila con un diseño floral, y un collar con un murciélago que demuestre su amor por el vampiro. Quizá quieras analizar a las adolescentes de tu familia para que te des una idea.

Paso quince Entonces, escanea tu ilustración en Photoshop (consulta la página 107). Aquí crearás los toques finales y los toques de luz brillante que harán resaltar más la ilustración. Selecciona la herramienta goma, luego ajusta el tamaño del diámetro, reduce la dureza un 8% aproximadamente y baja la opacidad. Luego oscurece el fondo hasta que llegues a un tono gris medio. Esto te permite crear toques de luz brillantes.

◀ **Paso dieciséis**
Terminarás la ilustración usando la herramienta goma de Photoshop. Ajusta el tamaño del pincel y la opacidad, y luego pon los faros en blanco deslumbrante. También agrega toques de luz dentro del camión y diseña más virutas de humo.

▶ **Paso diecisiete** Incluso en medio de este caos, queremos darle un poco de suavidad y de romance a la imagen. Una manera de lograrlo es volarles el cabello con bordes suaves y reflejos usando todavía la herramienta goma. En Photoshop se necesita muy poco tiempo, ya que el 99% del dibujo se hizo de manera tradicional. Sin embargo, no necesitas Photoshop para completar la ilustración.

▶ **Paso dieciocho**
Aquí tenemos la imagen final.

Vampiros de 1920

Esta ilustración muestra la actividad nocturna de un vampiro de la década de 1920. Aquí lo vemos merodeando en un paseo marítimo, justo antes de que salga el sol. Tal vez se dirige a una habitación de hotel para reposar un ataque reciente. O quizá está esperando para cenarse a uno de los gángsters que entrega un cargamento ilegal de ginebra en el fondo.

Materiales

- Papel calca
- Papel vegetal
- Lápiz color negro
- Regla
- Photoshop® (opcional)
- Gouache blanco (optional)
- Pincel chico (optional)

▲ **Paso uno** Este vampiro con hambre de sangre de gángsters acecha por los alrededores de un festivo y muy bien iluminado paseo marítimo. Quizá en los años 20 haya existido una prohibición para el alcohol, pero no hubo ninguna para chupar sangre humana. Nuestro primer paso inicia creando un bloque a lápiz claro usando un lápiz color negro sobre papel calca.

◄ **Paso dos** Ahora, comenzaremos el dibujo final. Transfiere el boceto a una hoja de papel vegetal y empieza a dibujar con un lápiz color negro con punta afilada. En este paso, puedes ver que cambié la imagen del vampiro para darle más personalidad. El tamaño de la cabeza aumentó y ahora su lengua anormalmente larga sale enroscada de su boca. Siempre recuerda que eres libre de hacer cambios entre el primer boceto y el dibujo final. (Quizá prefieras transferir el boceto; consulta la página 25.)

▼ Paso tres Es una buena idea que uses una regla para hacer el bloque de un fondo de una sola perspectiva como este. No obstante, una vez hecho, puedes hacer el resto del fondo a mano. En este momento, dejas la regla de lado y puedes añadirle más energía a tu ilustración.

▶ Paso cuatro La escena de fondo muestra un precioso y nostálgico paseo marítimo. Crea figuras de diferentes tamaños para las ventanas y las señalizaciones. Eso le añade personalidad y detalles a la arquitectura. Después, rellena las figuras grandes y largas que quedaron ocultas con un valor medio. Diseñando atractivas figuras positivas y negativas en esta pequeña área, lograrás hacer muchos detalles en poco tiempo.

◀ Paso cinco Tal vez quieras tener a la mano algún material de referencia para dibujar los camiones repartidores de los años 20. Sin embargo, no tienes que estar acostumbrado a dibujar vehículos para hacer que parezcan reales. Como están ubicados a cierta distancia, lo único que tienes que hacer es concentrarte en las figuras claras y oscuras, y ser preciso en su colocación.

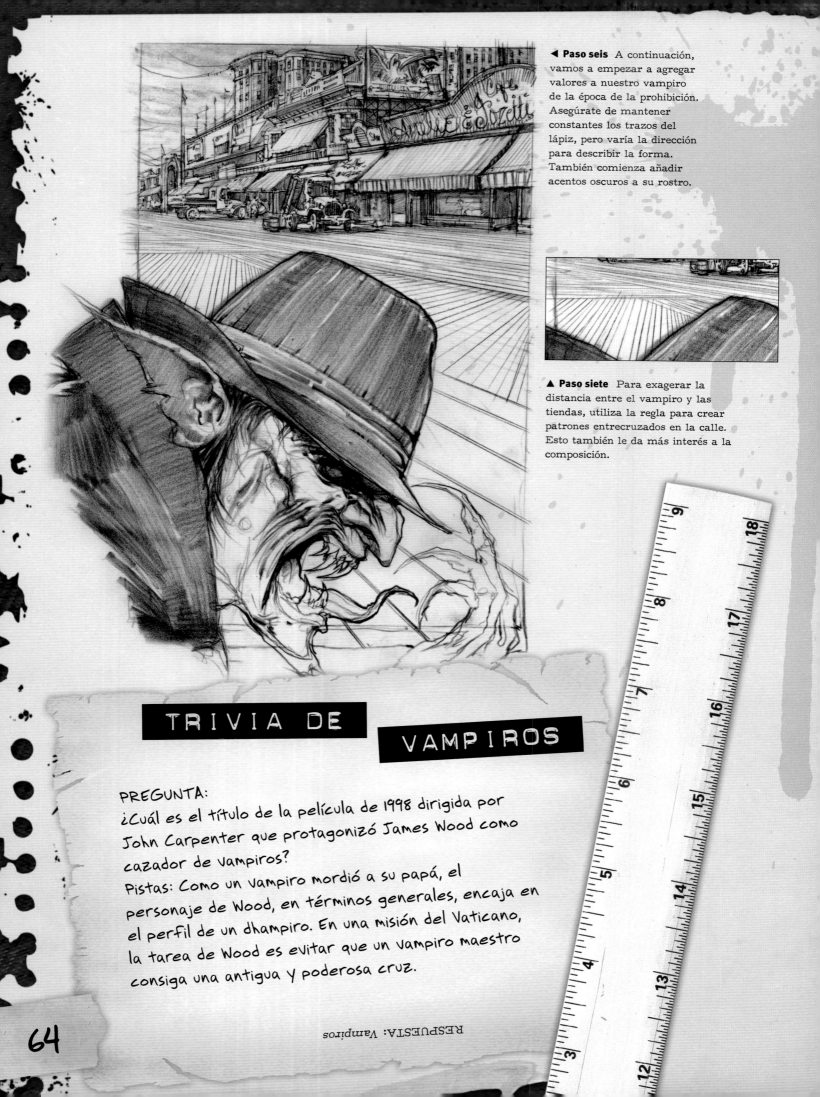

◀ **Paso seis** A continuación, vamos a empezar a agregar valores a nuestro vampiro de la época de la prohibición. Asegúrate de mantener constantes los trazos del lápiz, pero varía la dirección para describir la forma. También comienza añadir acentos oscuros a su rostro.

▲ **Paso siete** Para exagerar la distancia entre el vampiro y las tiendas, utiliza la regla para crear patrones entrecruzados en la calle. Esto también le da más interés a la composición.

TRIVIA DE VAMPIROS

PREGUNTA:
¿Cuál es el título de la película de 1998 dirigida por John Carpenter que protagonizó James Wood como cazador de vampiros?
Pistas: Como un vampiro mordió a su papá, el personaje de Wood, en términos generales, encaja en el perfil de un dhampiro. En una misión del Vaticano, la tarea de Wood es evitar que un vampiro maestro consiga una antigua y poderosa cruz.

RESPUESTA: Vampiros

Paso ocho Ahora hagamos más repugnante
a nuestro vampiro. Agrégale más verrugas,
oscurécele las encías y cuélgale los carrillos
para que luzca sumamente bien alimentado.

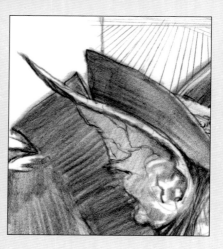

◄ Paso nueve Este vampiro ha pasado por una buena metamorfosis. Alguna vez humano, ahora se ha convertido en una criatura tipo murciélago. Alárgale las orejas, haciendo que parezcan alas de murciélago. También agrégale unas cuantas venas a las orejas.

◄ Paso diez Quítale piel a los dientes y ponle algunas arrugas desagradables a lo largo del costado de la boca y la nariz. Con esto vas a enfatizar su mueca.

◄ Paso once Una vez que todos los valores estén en su lugar, escanea tu dibujo en Photoshop y agrégale los detalles finales digitalmente. Oscurece el dibujo ajustando los niveles (consulta la página 107). Como casi toda la fuente de luz proviene de las tiendas, dale luz al vampiro alrededor de su sombrero y sus garras usando la herramienta goma.

◄ Paso doce Sin dejar de usar la herramienta goma, reduce el tamaño del pincel y aumenta la opacidad. Enfoca de cerca las tiendas, luego añade rápidamente luces titilantes en todas las señalizaciones y las luces de los camiones. En el fondo de esta ilustración, verás gángsters descargando botellas de licor ilegales. Quién sabe, podrían ser las siguientes víctimas de nuestro vampiro. Siempre ayuda añadir una historia a la ilustración.

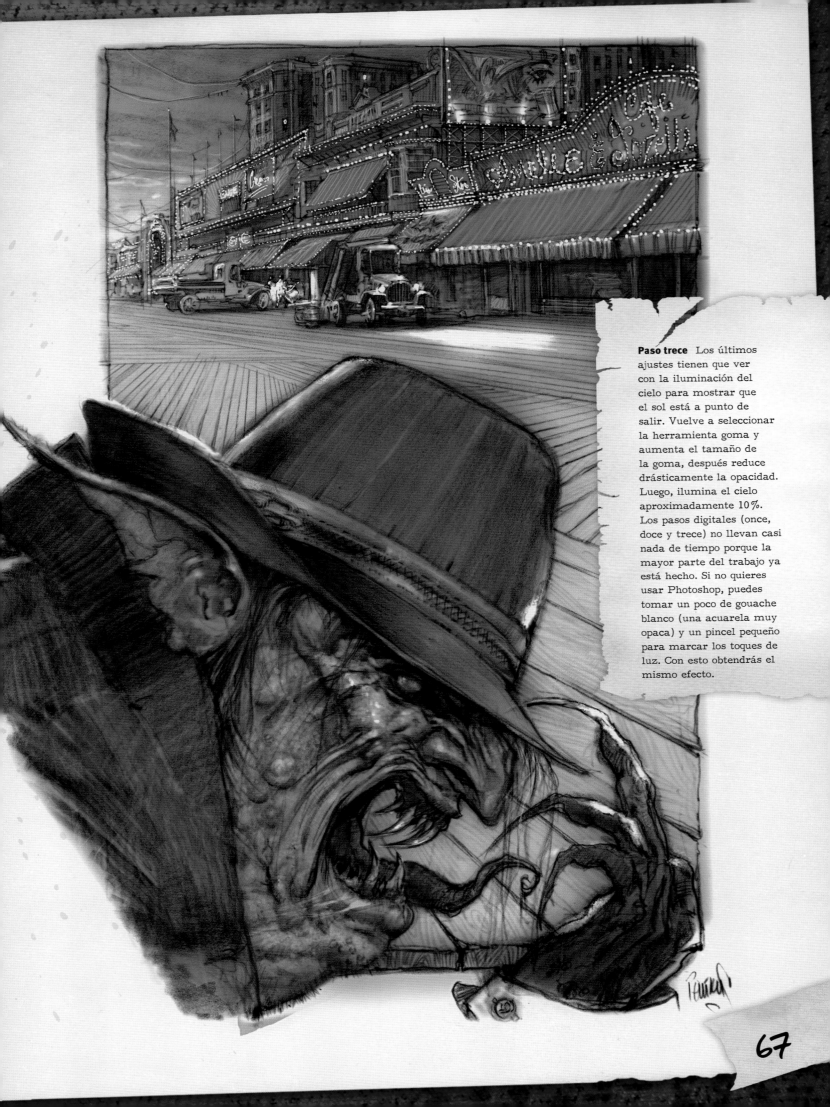

Paso trece Los últimos ajustes tienen que ver con la iluminación del cielo para mostrar que el sol está a punto de salir. Vuelve a seleccionar la herramienta goma y aumenta el tamaño de la goma, después reduce drásticamente la opacidad. Luego, ilumina el cielo aproximadamente 10%. Los pasos digitales (once, doce y trece) no llevan casi nada de tiempo porque la mayor parte del trabajo ya está hecho. Si no quieres usar Photoshop, puedes tomar un poco de gouache blanco (una acuarela muy opaca) y un pincel pequeño para marcar los toques de luz. Con esto obtendrás el mismo efecto.

Capítulo 3:
Cómo pintar
vampiros

Material para pintar

Por lo general, pintar es más difícil que dibujar porque, además de los trazos y los valores, también debes considerar el color y sus muchos aspectos, la saturación, el tono, la mezcla de pintura, los esquemas de color, etcétera. Siguiendo paso a paso los proyectos de este capítulo, obtendrás ideas para trabajar con el color y hacer tus cuadros. Este capítulo se concentrará en cómo pintar, pero, igual que en el Capítulo 2, tendrás la opción de terminar las pinturas con algunos detalles digitales.

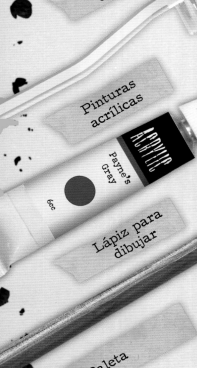

Cepillo de dientes

Pinturas acrílicas

Lápiz para dibujar

Paleta

Lista de materiales

Para hacer los proyectos de pintura contenidos en este libro, tendrás que comprar el material que se enlista más adelante. Fíjate que al inicio de cada proyecto encontrarás una lista con el material exacto que se necesita para cada sujeto:

- Pinturas acrílicas: rojo naftol claro, negro Marte, ocre quemado, azul celeste (azul cerúleo), rojo cadmio claro, rojo cadmio oscuro, blanco titanio, azul talo (o de Prusia), rosa medio, turquesa, amarillo de Turner, carmesí alizarina, Siena crudo, amarillo ocre, azul ultramarino
- Óleos: blanco titanio, amarillo limón, amarillo cadmio, amarillo ocre, naranja cadmio, rojo cadmio, carmesí alizarina, verde cromo, ultramarino, negro Marte
- Surtido de lápices de colores
- Goma
- Sacapuntas eléctrico
- Gesso blanco
- Medio mate
- Aceite de linaza
- Tiento (para recargar la mano cuando se pintan detalles pequeños)
- Aguarrás
- Papel vegetal multimedia
- Tarjeta
- Tabla de conglomerado
- Lienzos (18" x 24")
- Paleta
- Espátula
- Variedad de pinceles chicos y medianos
- Brocha grande, como las que se usan para pintar la casa
- Toallas de papel y un trapo
- Cepillo de dientes viejo
- Secadora de cabello
- Aerógrafo
- Proyector (opcional)
- Photoshop® (opcional)

Pintura acrílica y óleo

El acrílico es una pintura de secado rápido que se diluye en agua, pero se vuelve resistente al agua cuando seca. Pueden aplicar el acrílico en capas delgadas, diluido, o en trazos gruesos, como en el impasto. No obstante, el óleo no es soluble en agua, por lo que tendrás que comprar aguarrás para adelgazar la pintura y limpiar los pinceles. Fíjate que sólo en uno de los proyectos se usa óleo (consulta la página 84), pero bien puede sustituirse con pinturas acrílicas.

Pinceles

Cuando usamos acrílicos, recomendamos pinceles de pelo sintético; sin embargo, cuando usamos óleos, sugerimos pinceles de cerdas. Para los proyectos de este libro, necesitará variedad en los tamaños, desde el 00 (un pincel muy pequeño, de punta fina) hasta el 06 (mediano). También considera adquirir una variedad de pinceles de cerda.
Los pinceles redondos tienen cerdas que se adelgazan en la punta, permitiendo una gran variedad en el tamaño de los trazos. Los pinceles planos tienen cerdas que terminan en punta cuadrada. El borde plano produce líneas gruesas, uniformes. Además de estos pinceles para acrílico, también necesitarás una brocha gorda como las que se usan para pintar la casa —un pincel grande con cerdas gruesas. Estas brochas son perfectas para cubrir rápidamente el lienzo con grandes aguadas de color. Si tienes un aerógrafo, úsalo cuando se sugiera en los proyectos, ya que produce gradaciones increíblemente suaves y realistas que es difícil lograr con los pinceles.

Busca inspiración

Mientras aprendes a dibujar y a pintar vampiros, es una buena idea que te rodees de suficientes estímulos visuales. Toda una esquina de mi estudio está dedicada a libros de consulta y artículos.

Pinceles

Lápices de colores

Superficies para pintar

Puedes usar la pintura acrílica prácticamente en cualquier superficie, siempre y cuando no esté grasosa o encerada. Sin embargo, lo mejor es pintar en lienzos o papel ilustración cubierto con gesso blanco (un revestimiento que se utiliza para crear una superficie apta para pintar). Cuando uses óleos, el lienzo (también cubierto con gesso) es ideal. Recuerda que entre más brillante (o más blanca) esté la superficie donde vas a pintar, ¡más luminosos se verán los colores!

Lápices de colores

Los lápices de colores no sólo son para dibujar, también son herramientas estupendas para añadir detalles a una pintura. Si trabajas directamente sobre la pintura acrílica, puedes agregar toques de luz, intensificar las sombras, crear hebras de cabello, y más. Es importante que compres los mejores colores que puedas. Los lápices de buena calidad son más suaves y tiene más pigmento, lo que te da una cobertura más suave y más sencilla.

Retrato de un vampiro

Imagínate a un vampiro eternamente joven de la Europa Oriental merodeando en las sombras de un café rumano. Este elegante patrón del exánime ha permanecido por encima de la moda moderna, está tan atractivo, que casi pensarías que es una estrella de rock. Pero distingues un brillo siniestro en su mirada y descubres que la mancha rojo intenso que tiene alrededor de la boca no es un labial punk, sino sangre.

▲ **Paso uno** Todos los proyectos comienzan con un boceto o una serie de bocetos. Aquí puedes ver el boceto que sirvió de inspiración para este proyecto.

Materiales
- Pinturas acrílicas: rojo naftol claro, negro Marte, ocre quemado, azul celeste (azul cerúleo), rojo cadmio claro, rojo cadmio oscuro, blanco titanio, azul talo (o de Prusia), rosa medio, turquesa, amarillo de Turner
- Lápiz de color negro
- Sacapuntas eléctrico
- Papel vegetal
- Tarjetas
- Tabla de conglomerado (12" x 16")
- Gesso blanco
- Variedad de pinceles, de punta fina a mediano
- Toallas de papel
- Cepillo de dientes viejo
- Aerógrafo (opcional)
- Proyector (opcional)

▶ **Paso dos** Comienza este proyecto haciendo el dibujo primero con un lápiz de color negro en papel vegetal. El papel es un poco caro, pero esta combinación de lápiz y papel le dará a tu dibujo un terminado cremoso insuperable que no conseguirás con ninguna otra cosa. Para darle fuerza y confianza a este personaje, toma el costado del lápiz y haz rápidos trazos gráficos para dibujar sus facciones. (Puedes transferir este dibujo; consulta "Cómo transferir un dibujo", en la página 25.)

Paso tres Queremos estar seguros de que este vampiro europeo tenga todos los atributos masculinos que un aterrador cazador masculino poseería, pero también toques de feminidad. Para lograrlo, sombrea los párpados y ponle labios gruesos. También dale un corte de cabello parado y aretes para demostrar que, a pesar de que este vampiro tiene varios cientos de años, sigue estando a la moda. Antes de comenzar el proceso de pintura, asegúrate de estar satisfecho con el dibujo para que puedas usarlo como punto de referencia. Nota: Ten a la mano catálogos y revistas de hombres para usarlos como referencia cuando inventes este tipo de personajes.

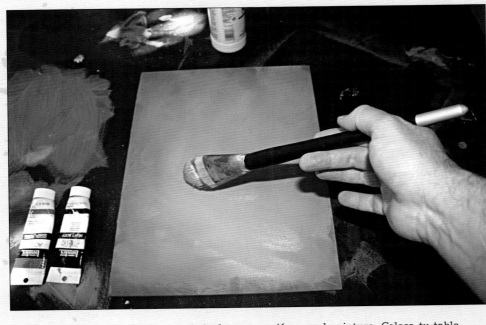

Paso cuatro Ahora, pasemos al trabajo de preparación para la pintura. Coloca tu tabla de conglomerado, elegida por su durabilidad y su calidad inflexible, sobre una superficie de trabajo desechable. Mezcla un poco de gesso blanco, rojo naftol claro, negro Marte y agua; después, usa un pincel grande para crear una base de color gris cálido para la pintura. De inmediato, esto marca el tono y la atmósfera para el personaje.

73

◄ Paso cinco Una vez que la tabla esté seca, proyectaremos el dibujo en ella. Usa también un lápiz de color negro en esta etapa. Repito, tenlo siempre con punta bien afilada. Quizá hasta quieras tener un buen sacapuntas en la esquina del escritorio como recordatorio.

▲ Paso seis En el otro lado de la tabla de conglomerado, ten una copia del dibujo original que vas a proyectar. Esto se hace con la intención de que a lo largo del proceso de proyección puedas hacer pausas de cuando en cuando para que lo consultes como referencia.

► Paso siete Ahora, el dibujo ha sido proyectado en la tabla de conglomerado preparada. ¿Recuerdas que sugerimos que conservaras una copia del dibujo original junto a la tabla? A pesar de haber tomado esa precaución, la línea de la mandíbula quedó muy diferente a la del original. Esto pudo haber sido provocado por la distorsión del viejo proyector o por mi propio criterio. En este caso, tuve la confianza suficiente para seguir adelante y decidí cambiarla cuando empecé a pintar.

◄ **Paso ocho** Con un pincel grande, mezcla un poco de negro Marte con agua. Después procede a poner el valor más oscuro en el fondo. Esto hará que parezca que el vampiro está emergiendo de las sombras. Después, con puro negro Marte, comienza a pintar su cabello. Juega con las pinceladas secando el pincel y barriéndolo en la tabla para crear atractivos diseños. Para hacer las manchas grandes, toma una toalla de papel y seca diferentes áreas. Después, toma un cepillo de dientes viejo, métemo en un poco de agua y salpícala en todo el fondo para crear texturas interesantes.

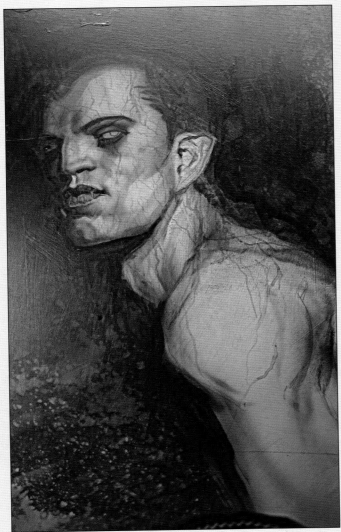

◄ **Paso nueve** Ahora, empezaremos a definir la musculatura y la anatomía del vampiro. Si tienes aerógrafo, rellénalo con ocre quemado. Después, con una mano, toma una tarjeta y sostenla aproximadamente a 2.5 cm (una pulgada) sobre el área en la que estás trabajando. Usa la otra mano para manejar el aerógrafo. Esto crea de inmediato bordes definidos para los músculos y suaves valores de transición al mismo tiempo. Por ejemplo, mira el costado en el que la cara está en la sombra. Si no tienes aerógrafo, coloca capas de pintura, suavizando los bordes para una imagen degradada. A continuación, para las venas, usa un poco de azul celeste combinado con una buena cantidad de gesso blanco y un poco de ocre quemado. Usa la mezcla para aplicarla con pincel o aerógrafo y darle un tono de piel pálido a toda la figura.

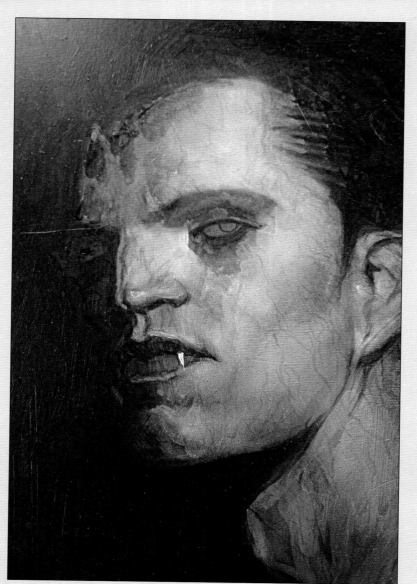

◀ Paso diez Para la cara, comenzaremos aplicando los colores aproximados que queremos para las facciones. Usando la técnica de la tarjeta, empieza a definir los ojos del vampiro con una mezcla de negro Marte y ocre quemado. Después usa un pincel delgado para rellenarle los labios con un rojo frío. Parece que trae labial, pero es así sólo para recordarte las manchas de sangre que faltan. Ahora, difumina el rostro un poco más. Toma un pincel chico, del #2, y mezcla un poco de gesso, rojo cadmio claro y agua. Utiliza la mezcla para suavizar los bordes alrededor de los ojos, la boca y las orejas, agregando sólo una pizca de calidez a su cara. Por supuesto, en este punto también vas a pintar su colmillo blanco.

▼ Paso once Luego, agrega otra capa de gesso blanco y azul celeste al rostro y al cuerpo con el aerógrafo o aplicando capas delgadas de pintura. Cuando seque, vuelve a pintar las venas y repite el proceso. Este proceso de capas da una calidad suave, pálida, translúcida a nuestro macho exánime quien, por desgracia, no ha podido conseguir un bronceado perfecto en los últimos dos siglos.

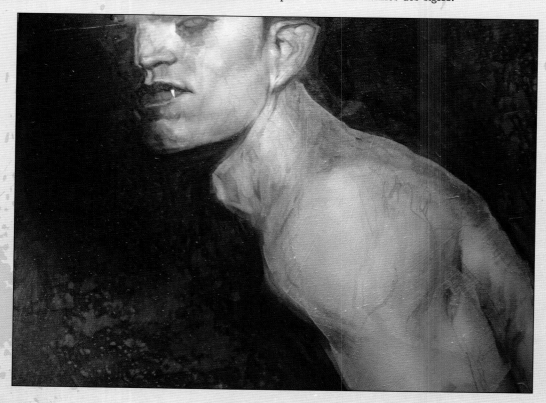

Paso doce Vamos a trabajar en la cara otra vez, agregando algunos aterradores elementos más a sus facciones, como la mancha de sangre en la boca y la línea carmesí en los ojos. Con un pincel de punta fina, pinta patrones de hebras en el costado de su barbilla con rojo cadmio fuerte diluido. Ten presente que necesitas diseñar las figuras de la sangre que escurre; procura que sean atractivas para que no parezca que fue una idea de último momento. Para los ojos, empieza a experimentar con la "mirada". Mezcla un poco de rojo cadmio fuerte con blanco titanio. Usa la mezcla para delinear las pupilas y el borde exterior. Después, con un pincel de punta fina, añade toques de luz para un brillo húmedo y sobrecogedor.

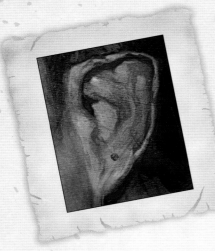

Paso trece Como este vampiro es centenario, podemos mostrar que está a la moda en ciertos aspectos. Una manera de expresarlo es a través del cabello. Conserva los colores y las texturas que ya tienes de fondo para el cabello, sólo agrégale algunas hebras y reflejos grises azulados para demostrar el estilo. Queremos darle una imagen punk, *underground*, pero al mismo tiempo, la elaborada trenza sugiere una historia más antigua. También haremos la oreja ligeramente puntiaguda. Dale a la oreja sombras sangre rojo mezclando un poco de rojo cadmio fuerte y azul de Prusia. No lo hagas muy complicado, pero conserva un toque de rosas cálidos y azules fríos.

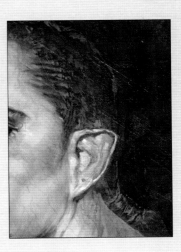

Paso catorce En este paso, aplica una capa delgada de blanco sobre el color rojizo del iris para conseguir un efecto más lechoso, más cremoso. Empieza a dibujar y a refinar los rasgos alrededor de la boca y los pómulos diseñando venas claras y sombras frías. También, haz que parezca que hay más sangre con algunas salpicaduras sobre los labios y la barbilla. Esto hace que sea como si acabara de "comer".

◄ **Paso quince** Con un lápiz de color negro y punta afilada, empieza a tatuar el brazo y el cuello del vampiro. Cuando diseñas un tatuaje grande en el cuerpo de un personaje, debes tener presente la anatomía que hay debajo y hacer que las líneas sigan la estructura. Esto te ayudará a crear un tatuaje atractivo y creíble al mismo tiempo. Haz que las figuras interactúen entre sí y recuerda variar la calidad de la línea.

▶ **Paso dieciséis** Cuando termines de dibujar los tatuajes, toma un pincel de punta fina y pinta los diseños.

UNA PALETA DANTESCA

Aquí puedes ver la paleta de colores utilizada para el tatuaje. Es mejor que los colores sean apagados pero saturados al mismo tiempo. Para lograrlo, usa amarillos tenues, magentas y turquesa.

◄ Paso diecisiete Delinea todas las figuras con un valor más oscuro para acentuar la calidad gráfica de los tatuajes. En el caso de este diseño, la simetría es muy importante. Querrás que los tatuajes parezcan que han evolucionado y se han expandido con décadas de exposición a diferentes culturas.

► Paso dieciocho Inclina la ilustración para que tu mano pueda seguir las líneas del diseño de manera natural. Agrega más detalles como puntos adentro y afuera del diseño, y líneas en la parte baja. Asegúrate de que las líneas acentúen la musculatura del brazo.

◄ Paso diecinueve Después, rellena la pupila oscura y oscurece las sombras en la parte blanca de sus ojos. Termina la pupila con una pizca de azul. Luego agrega más venas asquerosas a lo largo de la cara como si el reciente "alimento" casi las hubiera hecho estallar debajo de la piel.

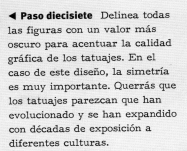

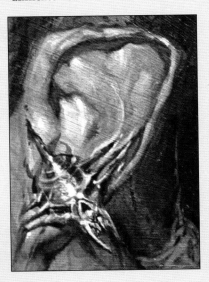

▲ Paso veinte Agrega un arete en forma de cráneo dorado como accesorio. Comienza haciendo el boceto sobre la ilustración con un lápiz de color negro. Que todos los bordes del arete sean puntiagudos; píntalo alrededor con un poco de rojo cadmio fuerte. Después, con un poco de rosa medio y blanco titanio, pinta tiras delgadas de color piel sobre la perforación para resaltar la ferocidad del trabajo manual. Pinta con un poco de turquesa alrededor del dorado para emparejarlo con la frialdad del vampiro y, también, para mostrar que este arete es una antigüedad.

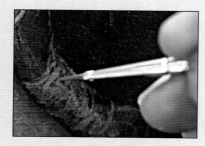

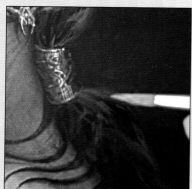

Paso veintiuno Ahora, trabajemos el cabello. Vamos a crear una banda de ornato de oro para su trenza. Aplica rápido una capa de tono dorado usando una mezcla de amarillo de Turner con un poco de azul de Prusia. Fíjate que las pinceladas sigan la forma del cabello. Después, pinta un toque de luz en el centro, permitiendo que los valores decrezcan en los bordes.

Paso veintidós En este paso, terminamos la exótica banda para el cabello con un poco de naranja e intensos toques de luz que indican el complicado tejido.

Paso veintitrés Es muy fácil hacer la trenza. Sólo márcala usando un pincel chico y pintando algunos reflejos a lo largo de los bordes, recreando la silueta de la trenza. Cuando le pintes el cabello, asegúrate de dar las pinceladas en dirección al crecimiento del cabello.

Paso veinticuatro Vamos a darle una apariencia más humana al vampiro definiendo su iris con colores cálidos, pero conservando su palidez. Asegúrate de que la sombra debajo del párpado superior tenga el valor apropiado para que el ojo no se vea plano.

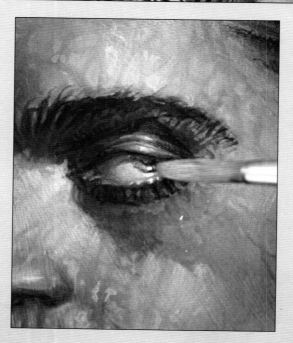

Paso veinticinco Aquí tenemos la pintura final de nuestro vampiro.

Cómo protegerse de un vampiro

¿Qué haces si vas caminando por un callejón oscuro en Rumania o Transilvania y de repente te encuentras de frente con un vampiro? La mejor opción es que te des la vuelta y corras. Pero si eso no es posible, quizá quieras considerar algunas de las siguientes sugerencias. Por supuesto, como las leyendas de vampiros son diferentes en todo el mundo, los instrumentos que necesitarás también tendrán que ser diferentes. Entonces, sugerimos que vayas por ese callejón como Van Helsing, preparado para sobrevivir.

El vampiro europeo

1. Llena tus bolsillos con ajos; entre más, mejor.
2. Lleva artículos sagrados, como agua bendita, un rosario o un crucifijo.
3. Ten a la mano un tallo de rosa silvestre o espino.
4. Cuelga un espejo en tu puerta, que dé hacia fuera.
5. No lo(a) invites a tu casa.
6. No confíes en que la luz del sol te protegerá. Algunos vampiros son inmunes a ella.
7. Lleva una estaca, de preferencia que sea de roble, espino o fresno.
8. Córtale la cabeza. Y luego corre, por si sus amigos andan cerca.

El vampiro escocés

1. Cuídate de cualquiera con acento extraño y pezuñas.
2. Lleva un arma de hierro. Mejor aún, lleva dos.

El vampiro africano

1. No le ofrezcas fruta a nadie con axilas brillantes. Si come, el voraz obayifo podría decidir chuparle la vida a tus hijos y a tus cosechas.

El vampiro japonés

1. Cuidado con aquellos que traigan símbolos rojos alrededor del cuello.
2. Destruye el cuerpo del nukekubi mientras su cabeza anda paseando en busca de travesuras.

El vampiro chino

1. Llévalo adonde hay agua. El Chiang-shih tiene un ligero problema con el agua.
2. Contén la respiración. Sí, en serio.
3. Lleva ajo y sal.
4. Ruega que caiga una tormenta eléctrica. Los ruidos fuertes alejan a estas bestias.

El vampiro de Haití/Trinidad/Filipinas/Malasia

1. Espolvorea sal o arroz fuera de ventanas y puertas. Tanto el confiado loogaroo como el soucouyant se verán obligados a detenerse y contar cada grano antes de atacar.
2. Esparce sal en la piel que el soucouyant deje cuando cambie de forma.
3. Cuelga una variedad de ajos, cebollas y ramas de cardo en tus ventanas y puertas para evitar que entren manananggal y penanggalan.
4. Voltea tu ropa al revés. Aparentemente, este comportamiento extraño divierte tanto a tiyanak que te dejará libre.
5. Córtale el cabello y las uñas. Después mételas en ese práctico agujero que tiene en la nuca. Eso hará que la langsuir se vuelva humana.

El vampiro mexicano/suramericano

1. Ten cuidado con una bella mujer con una sola pierna que intente hacerse tu amiga en el campo.
2. Consulta a la shaman Machuope, ella sabe cómo deshacerse de esa enorme serpiente voladora que te sigue.
3. Evita a esa extraña criatura que parece perro con ojos brillantes que tiene la capacidad de hipnotizar. No es un amigo nuevo.

CUANDO TODO LO DEMÁS FALLA

A veces, la prevención es la mejor solución. En esos casos, tienes que atacar primero.

1. Encuentra la tumba del vampiro. Necesitarás recorrer el cementerio, seguido por un semental virgen cuyo jinete sea un chico virgen. El caballo te indicará cuáles tumbas son sospechosas. O quizá sólo te avise que está cansado de cabalgar por el panteón.
2. Coloca agujas de hierro en la boca y el corazón del vampiro mientras duerme. El truco es asegurarse de que permanezca dormido durante el proceso.
3. Pon espinos en el calcetín del vampiro.
4. Empapa la tumba del vampiro con agua hirviendo.
5. Coloca ajo en la boca del vampiro. Quizá podrías agregarle un poco de pasta y una ensalada verde.
6. Corta el cadáver del vampiro y después quémalo. Espera, eso no es todo. Mezcla las cenizas con agua. Todavía no terminas. Ahora sirve este repugnante líquido a los miembros de tu familia que hayan sido atormentados por el vampiro. Eso acabará con sus quejas y lloriqueos.

Lady V *por Davin Chea-Butkus*

Uno nunca sabe quién pueda presentarse en nuestro estudio y pedir que le hagamos un retrato. En este caso, fue una acaudalada vampira socialité, conocida por la élite de sangre azul como Lady V. Podrás darte cuenta que no pudo posar sin tomar un refrigerio. Asegúrate de que tus potenciales clientes exánimes comprendan que no eres parte del menú.

Materiales

- Óleos: blanco titanio, amarillo limón, amarillo cadmio, amarillo ocre, naranja cadmio, rojo cadmio, carmesí alizarina, verde cromo, ultramarino, negro Marte
- Lienzo (18" x 24")
- Paleta
- Espátula
- Amplia variedad de pinceles
- Aceite de linaza
- Tiento (para recargar la mano mientras se pintan detalles pequeños)
- Aguarrás

Paso uno Antes de que empieces a pintar, acomoda los colores comenzando con el blanco, siguiendo con los colores cálidos y terminando con los fríos. Asegúrate de contar con una variedad de pinceles de diferentes tamaños y mucho espacio para mezclar la pintura.

Paso dos Un elemento común en la mayoría de los retratos formales es incluir las pertenencias más preciadas de la persona. En el caso de esta vampira socialité, los muertos recientes son su orgullo. Comienza el bloque usando una mezcla de carmesí alizarina, amarillo ocre y verde cromo. Esta combinación producirá un valor medio, ni muy cálido ni muy frío, que no interferirá con las subsiguientes capas de pintura. Fíjate que trabajo con la fotografía de referencia a la vista. (Quizá prefieras transferir el boceto de este proyecto; consulta "Cómo transferir un dibujo", en la página 25.)

Paso tres Mirando la fotografía de referencia, notarás que el lado izquierdo de la cara de la modelo está iluminado por una luz intensa, que cambia a sombras cálidas del lado derecho. Cuando trabajes en los bloques de color, intenta crear de inmediato bloques grandes de color, valor y temperatura exactos. También puedes hacer el fondo y el primer plano al mismo tiempo, para que el lienzo blanco no sea una distracción.

Paso cuatro A continuación, haz rápido figuras grandes de color para la luz y la sombra. Hazte hacia atrás con frecuencia para que compruebes que las proporciones permanecen intactas.

◄ Paso cinco Lo maravilloso de usar paletas espaciosas es que podrás ver y comparar todos los colores que has mezclado. Así puedes recurrir rápidamente a la combinación que necesitas, ya sea para el tono de la piel, el vestido o el fondo.

◄ Paso seis En este paso, cubrirás el resto del lienzo con pinceladas amplias. Pinta en la dirección que mejor describe esa forma particular. En esta primera etapa, una de tus principales preocupaciones será establecer los patrones claros y oscuros.

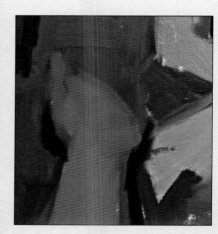

▲ Paso siete Querrás dejar claro de inmediato el hecho de que la mano de la víctima pertenece a un hombre grande, corpulento. Una vez más, esto demuestra que el tamaño no importa en las batallas con los exánimes.

Paso ocho Ahora, empieza el rostro. Mira con los ojos entrecerrados la fotografía de referencia para que veas las figuras gráficas de los patrones de luz y oscuridad. Después, empieza a pintar esas figuras.

▲ **Paso nueve** Primero, concéntrate en los ojos. Es sumamente importante que mantengas los bordes suaves y los colores limpios cuando pintes los ojos. Al hacer esto, le darás vida y vitalidad a la pintura.

▶ **Paso diez** Una vez que el ojo esté marcado, sigue con el resto de la cara. Recuérdate que debes conservar los bordes suaves. Aléjate con frecuencia del lienzo para que compruebes que los rasgos no están desalineados. Otra técnica para controlar la proporción y la ubicación es mirar el reflejo de tu cuadro en un espejo. De inmediato encontrarás cualquier falla.

◀ **Paso once** Como la vampira se alimentó justo antes de posar, queremos que luzca ligeramente sonrojada por la euforia. Mezcla un poco de carmesí alizarina, un poco de amarillo ocre y un poco de blanco, y usa esta combinación para pintar el rubor en su mejilla derecha y la nariz. También asegúrate de marcar todos los toques de luz en su rostro e incluso exagerarlos ligeramente para darle un brillo sano.

◄ Paso doce En este punto, trabajaremos el fondo dándole un tono azul grisáceo apagado con un poco de interés. Toma la espátula y raspa un poco de pintura en ciertas áreas. Esto dejará al descubierto un poco de los colores subyacentes al tiempo que le da textura.

▼ Paso trece Continúa buscando errores en la proporción. En este caso, me di cuenta de que la cabeza se veía un poco larga, así que ensanché los hombros un poco extendiendo las mangas. Comienza a incorporar las sombras a lo largo del torso y la parte inferior del vestido. Conserva las figuras gráficas para sostener la estructura.

◄ Paso catorce Aquí, empezamos a perfeccionar el lado oscuro del rostro y a suavizar todos los bordes. También pintamos los largos colmillos. Deja una ligera mancha de sangre en una esquina de la boca, como si se le hubiera pasado limpiarse con el pañuelo.

▼ Paso quince Como la tapicería no es nuestro enfoque principal, no tenemos que dedicar mucho tiempo a copiar el diseño. Píntalos como lo hiciste con la vampira; primero, haz los bloques de las figuras grandes de color y de valor. Después, marca sutilmente el patrón floral con un pincel más chico. Píntalo como si estuvieras viendo el sillón a seis metros de distancia.

◄ Paso dieciséis Siempre se ha pensado que es muy difícil pintar las manos por los dedos, los nudillos y demás. Ignora esos elementos y sólo enfócate en una figura grande a la vez, pasando poco a poco a las pequeñas.

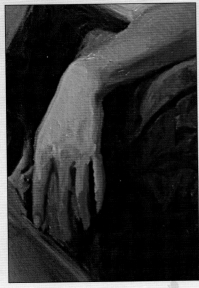

▲ Paso diecisiete Haz lo mismo que hiciste en el paso dieciséis cuando trabajaste la mano de la víctima de la vampira. Pero en esta ocasión, necesitas que se vea más larga, delicada y delgada, en contraste con la mano de su víctima.

▼ Paso dieciocho El vestido está conformado por hermosos tonos de lila y azul. Cuando le da la luz, tiene un toque de transparencia. Para lograr esta imagen, mezcla un poco de naranja cadmio, azul ultramarino y blanco. Después aplica la combinación entre los pliegues de las mangas, junto con el costado del corpiño y sobre la pierna cruzada.

▲ Paso diecinueve Para el encaje, mezcla un montón de blanco cálido y blanco frío. Después, usa un pincel chico y comienza a marcar las pequeñas flores con pinceladas cortas y rápidas. Asegúrate de ajustar el blanco conforme llegues al área de sombra.

◄ Paso veinte El cabello es otra zona en la que los bordes deben ser suaves. Hazlo aplicando la transición de colores y valores, no mezclando.

▲ **Paso veintiuno** Termina la mano y después sigue con la sangre. Como no tenemos una referencia para la sangre, no dedicaremos mucho tiempo a inventarla, de lo contrario podría terminar viéndose falsa. Mezcla un poco de rojo cadmio y carmesí alizarina para los manchones de sangre. Después mezcla carmesí alizarina y azul ultramarino para las heridas de los colmillos. También agrega algunos moretones para que se vea más real.

▶ **Paso veintidós** Una vez que termines, da unos pasos hacia atrás y analiza la pintura por si pasaste por alto alguna cosa. Es más fácil modificar el óleo en el primer par de días después de terminado el cuadro, porque la pintura sigue húmeda y maleable.

Cazadora de recompensas

Esta cazadora de recompensas camina por la nieve y un paisaje estéril sin más compañía que un lobo despiadado y un arsenal de armas. Y, a pesar de su espantosa labor, son pocos los vampiros que pueden resistirse cuando ella se acerca. Este proyecto te brindará la oportunidad de trabajar con un modelo y una fotografía de referencia, creando así un dibujo más real.

Material

- Pinturas acrílicas: carmesí alizarina, siena crudo, amarillo ocre, azul ultramarino, ocre quemado
- Paleta
- Mate medio
- Una brocha grande, de las que se usan para pintar la casa
- Tabla de conglomerado
- Variedad de pinceles chicos para acrílico
- Papel vegetal
- Variedad de lápices de colores
- Goma
- Aerógrafo
- Photoshop
- Secadora de cabello

▲ **Paso uno** Esta ilustración es más real y su intención es capturar todos los sutiles matices de la figura humana. Entonces, vas a necesitar tomarle fotografías al modelo adecuado. (Aunque puede resultar complicado encontrar un lobo asesino para que pose.) Haz un boceto inicial donde definas las formas y marques los patrones de sombras. (También puedes transferir el boceto de este libro; consulta "Cómo transferir un dibujo", en la página 25.)

▶ **Paso dos** Fíjate cómo conforme fui desarrollando el boceto me deshice de las esposas picudas que traía en las muñecas y los picos de la espada. Esas figuras distraen mucho al espectador. También saqué un poco su cadera derecha para que tuviera un porte más relajado. Es importante que te tomes tu tiempo para analizar y perfeccionar el boceto. Edita su ropa un poco más y después trabaja con el lobo, exagerando su expresión demoníaca.

▶ **Paso tres** Una vez que estés contento con el lenguaje corporal, empieza a matizar las partes oscuras. Utiliza trazos constantes para las sombras. Los trazos pesados le restan méritos a la feminidad de una figura femenina.

▲ **Paso cuatro** Oscurece despacio los valores, manteniendo los bordes suaves. En este punto, empezamos a tener una mejor idea de cuáles deberían ser sus armas. Dales a las armas un diseño femenino, pero conservando los peligrosos bordes filosos como navajas. Hasta el vampiro más desagradable lo pensará dos veces antes de resistirse a que lo atrape esta cazadora de recompensas.

95

◄ **Paso cinco** Nuestra cazadora de recompensas camina en la nieve, así que necesita botas más prácticas para esta misión. Ponle botas hechas con cuero grueso, suelas gruesas y equipadas para cargar múltiples dagas de plata.

▲ **Paso seis** Su armadura corporal de plata tiene densos patrones de luz y oscuridad, así que hagamos más brillantes esos toques de luz. También comienza a matizar al lobo. Apenas puede contener el frenesí que le provoca la sangre de los vampiros, así que transmite eso con rápidos trazos a lápiz, creando un pelaje que pareciera que saldrá disparado de su cuerpo.

◄ Paso siete Continúa aplicando desesperados trazos de lápiz en el resto del cuerpo del lobo. Después, agrega acentos oscuros a lo largo de las orejas y la boca abierta, dejando al descubierto sus relucientes colmillos blancos. La combinación del pelaje erizado y los trazos entrecruzados le dan una energía maniaca a esta bestia no tan adorable.

► Paso ocho A continuación, marca suaves sombras y hendiduras en la nieve, en las que se hunden los personajes. También agrega un fondo pintoresco de pinos a la distancia.

◄ Paso nueve Una vez que termines el dibujo, prepáralo para pintarlo. Para esta pintura, vas a necesitar un trasfondo cálido, y hay unas cuantas maneras de lograrlo rápido. Puedes tomar tu dibujo y pasarlo por la fotocopiadora a color y elegir el "tono sepia". O si tienes Photoshop®, escanéalo y ajusta el balance de color a tu gusto. También puedes completar esta etapa de manera tradicional, sellando (consulta el Paso once de la página 98) y dándole tono al dibujo con una aguada cálida. No obstante, recurrir a alguno de los atajos descritos en líneas anteriores dará los mismos resultados.

◄ Paso diez Ya que estamos en Photoshop®, demos más brillo a los toques de luz (consulta la página 107). Selecciona la herramienta goma, después reduce la opacidad aproximadamente 15% y cambia el modo a "multiplicar". Después, aclara las áreas en el estómago, la armadura y la nieve. Haz la luna con la herramienta "eludir" y selecciona un color blanco cálido de la paleta. Aumenta la opacidad aproximadamente 75% para el centro de la luna y luego redúcelo en el mismo porcentaje para darle brillo.

▼ Paso once A continuación, imprime el dibujo en papel para impresión común y corriente. Después, móntalo en una tabla de conglomerado usando una mezcla de 50% agua y 50% mate medio. Toma cualquier brocha vieja, de las que se usan para pintar la casa, y úsala para aplicar la mezcla de mate medio sobre la impresión. Si lo deseas, puedes usar una secadora de cabello para acelerar el proceso de secado. Una vez que seque, la ilustración se sellará y quedará lista para las pinturas acrílicas.

▲ **Paso catorce** Su rostro está en la sombra, así que píntalo con tonos fríos. Agrega un poco de siena crudo y amarillo ocre para darle calidez a los rasgos. Entonces, para todos los toques de luz usa un lápiz color crema con buena punta y pásalo ligeramente en los planos superiores.

▼ **Paso quince** Pinta al lobo con aguadas cálidas y frías. Como nuestra paleta no tiene color negro, toma un lápiz negro y delinea el pelo y oscurece las áreas de sombras. También, usa otros lápices de colores para detallar los colmillos y los ojos.

▲ **Paso trece** Mezcla un poco de azul ultramarino, amarillo ocre y mucha agua para hacer una aguada. Luego, utilízala para pintar la espada y la armadura de plata de la cazadora de recompensas. Querrás que el dibujo y el cálido trasfondo sobresalgan, así que tendrás que aplicar muchas capas de la pintura diluida. Agrega algo de calidez a su piel y a sus armas usando un poco de carmesí alizarina y amarillo ocre.

◄ **Paso dieciséis** Ahora puedes escanear la pintura en Photoshop para los toques finales. Trabajar en la computadora para terminar el dibujo te da la libertad de probar grandes y atrevidos ajustes sin arruinar la pintura física.

▶ **Paso diecisiete** Ya en Photoshop, puedes jugar con el cielo. Oscurécelo dándole un tono púrpura. Esto contrasta muy bien con el cálido tono piel de ella.

◄ Paso dieciocho Prueba el púrpura del cielo usando la herramienta gotero, y utiliza la herramienta pincel para pintar ligeramente el guante y la espada. Usa la herramienta desvanecer para los toques de luz, conservando la opacidad aproximadamente en 40% para que recoja el color que hay debajo.

► Paso diecinueve ¿Qué es un lobo asesino sin abundantes cantidades de baba? Toma la herramienta goma, después reduce el diámetro y mantén la opacidad en 50% más o menos. Luego, simplemente dibuja la desagradable baba que sólo le gustaría a la cazadora de recompensas.

Paso veinte Oscurece las sombras de la nieve para marcar el peso de los personajes. Después, dale a la nieve una textura más suave, más derretida. Selecciona la herramienta goma, reduce la dureza a 0% y la opacidad aproximadamente a 50%, y coloca la goma en las áreas claras.

► Paso veintiuno Aquí tenemos la imagen final.

TRIVIA DE VAMPIROS

Pregunta:
¿Qué película de 2009, dirigida por Paul Wietz, se basó en el volumen 12 de la serie para adultos jóvenes titulada *The Saga of Darren Shan*?

Pistas: La película cuenta la historia de un joven de 16 años llamado Darren, interpretado por Chris Massoglia, quien conviene convertirse en medio vampiro para conseguir el antídoto para la mordida de una peligrosa araña.

RESPUESTA: *El aprendiz de vampiro*

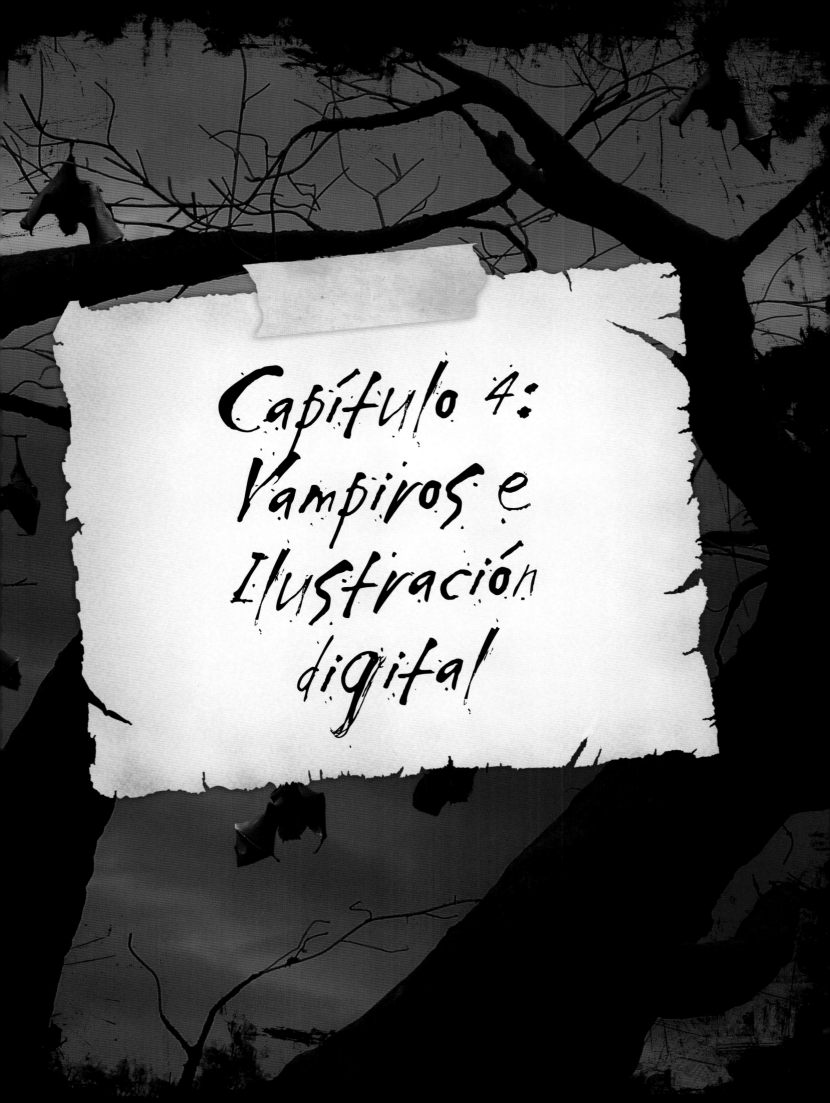

Capítulo 4:
Vampiros e
Ilustración
digital

Material para ilustración digital

La ilustración digital es una obra sumamente detallada y terriblemente dinámica. A diferencia del dibujo o la pintura, la ilustración digital te permite hacer mejoras drásticas con sólo unos cuantos clicks a un botón. Antes de trabajar en los proyectos de este capítulo, es importante que conozcas bien las herramientas básicas y las funciones de tu programa para editar imágenes (yo prefiero Photoshop®). No obstante, si no tienes conocimientos ni experiencia en ilustración digital, puedes usar estos proyectos como referencia para dibujar o pintar —cada obra de arte comienza con dibujo y pintura a mano.

Pinceles

Pinturas acrílicas

Lápices de colores

Paleta de pintura

Lista de material

Para completar los proyectos de ilustración contenidos en este libro, necesitarás los materiales que se enlistan a continuación. Los materiales exactos para cada sujeto se encuentran al inicio de cada proyecto:

- Pinturas acrílicas: negro Marte, gris payno, verde cromo permanente, turquesa oscuro, azul celeste, rojo cadmio claro, café antiguo iridiscente, blanco titanio, rojo cadmio oscuro, amarillo de Turner, amarillo cadmio.
- Paleta para pinturas acrílicas
- Variedad de pinceles chicos para acrílico
- Una broca grande, como las que se usan para pintar la casa
- Variedad de lápices de colores (gris 30% frío, blanco y negro)
- Papel calca
- Tabla de conglomerado (8" x 10")
- Papel vegetal
- Fijador en aerosol
- Mate medio
- Aerógrafo (opcional)
- Una computadora con Photoshop
- Escáner

Computadora

Para lanzarte a la aventura de la ilustración digital, necesitas una computadora, un escáner y un programa para editar imágenes. En el estudio que aparece en la ilustración del lado derecho, verás que puedes configurar varios monitores para un solo sistema de computadora. Esto puede ayudarte a dispersar tu trabajo; puedes conectar los monitores para que la imagen se vea en muchas pantallas, permitiéndote ver muchas más cosas de la imagen de inmediato. También puedes usar los varios monitores para tener varios paneles de control y no estés constantemente minimizando las ventanas para hacer espacio en la pantalla. Aunque es ideal trabajar con muchos monitores, lo cierto es que sólo necesitas uno.

Programa para editar imágenes

Existe una gran variedad de programas para editar imágenes, pero muchos estarán de acuerdo con que Adobe Photoshop es el que más se utiliza. A continuación encontrarás un pequeño resumen de algunas de las funciones básicas utilizadas en los proyectos de este libro.

Fundamentos de Photoshop®

Resolución de imagen: Cuando escanees tu dibujo o tu pintura en Photoshop®, es importante que la escanees a 300 dpi (por sus siglas en inglés, puntos por pulgada) y 100% el tamaño original. Un dpi más alto contiene más pixeles de información y determina la calidad con la que se imprimirá la imagen. No obstante, si quieres que la imagen sea sólo una obra de arte digital, puedes elegir un dpi bajo, de 72. Mira el dpi y el tamaño en el menú: Imagen › Tamaño de la imagen.

Herramienta Goma: La herramienta goma está en la barra de herramientas básica. Cuando trabajas en una capa del fondo, la herramienta elimina pixeles para dejar al descubierto un fondo blanco. Puedes ajustar el diámetro y la opacidad del pincel para controlar el ancho y la fuerza de la goma.

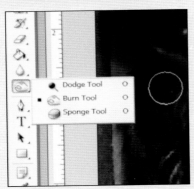

Herramientas difuminar y quemar: Las herramientas difuminar y quemar, términos tomados prestados del viejo cuarto oscuro, también se encuentran en la barra de herramientas básica. *Difuminar* es sinónimo de *aclarar* y *quemar* es sinónimo de *oscurecer*. En la barra que está debajo de "rango", puedes seleccionar luz, tonos medios o sombras. Selecciona el que quieras difuminar o quemar de los tres, y la herramienta trabajará sólo en esas áreas. Ajusta el ancho y la exposición (o fuerza) a tu gusto.

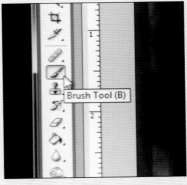

Herramienta Pincel: La herramienta pincel, que está en la barra de herramientas básica de Photoshop®, te permite aplicar varias capas de color a tu lienzo. Igual que con las herramientas goma, desvanecer y quemar, puedes ajustar el diámetro y la opacidad del pincel para controlar el ancho y la fuerza de las pinceladas.

Niveles: Con esta herramienta (en el menú Imagen › Ajustes), puedes cambiar el brillo, el contraste y el rango de valores de una imagen. El negro, el tono medio y el blanco de la imagen son representados con los tres marcadores en el fondo del gráfico. Desliza estos marcadores horizontalmente. Si mueves el marcador negro a la derecha, oscureces la imagen completa; si mueves el marcador blanco a la izquierda, aclararás toda la imagen; y si deslizas el marcador medio a la derecha o a la izquierda, aclararás u oscurecerás los tonos medios respectivamente.

Elección de color: Elige el color de tu "pintura" en la ventana de los colores. Selecciona el tono haciendo click en la barra de color vertical, después mueve el cursor circular alrededor de la caja para cambiar el tono del color.

Reina vampiro

Esta bella y terrible reina vampira habita en el castillo de la ilustración de la cazadora de vampiros de la página 24. Con cada muerte que consigue, añade otra gota de sangre a su tatuaje, que es un recordatorio constante del hambre que la alienta. Inspirada por ilustraciones anime, este personaje debe lucir sexy y simpática, pero también un poco peligrosa.

Materiales
- Papel vegetal
- Goma
- Lápiz de color negro
- Papel calca
- Photoshop®

▲ **Paso uno** Crea una ilustración de base con un dibujo base en una hoja de papel calca con un lápiz de color negro.

◄ **Paso dos** Una vez que estés contento con el boceto, empieza el dibujo final en papel vegetal, usando el lápiz de color negro. Esta será una composición básica en la que el personaje principal abarca hasta el 90% de la imagen con un toque de la atmósfera a su espalda. (Quizá prefieras transferir este boceto; consulta "Cómo transferir un dibujo", en la página 25.)

Paso tres A continuación, empieza a trabajar en los rasgos de la cara. Suaviza un poco el arco de la ceja —la mayoría de los personajes de anime tienden a tener expresiones vulnerables, inocentes. Mantén los ojos grandes en comparación con la nariz y la boca chicas.

▲ Paso cuatro Queremos diseñar un tatuaje complicado y siniestro que contraste con la apariencia suave y femenina de la vampira. Considera la opción de analizar tatuajes reales para que te inspires, y después mejóralo con tu imaginación. La clave para dibujar un tatuaje bello y real es conservar las figuras gráficas y asegurarse de que siguen la forma del cuerpo.

◄ Paso cinco En este paso, matizaremos su grueso cabello negro, conservándolo caprichoso y bien cuidado. Con una goma, marca los brillantes tonos de luz de la luna. Delinea partes del cabello para darle una ligera imagen de caricatura, pero después repásalo con un borde suave para que conserve la textura del cabello.

◄ Paso seis Ahora añade más gotas de sangre y bordes espinosos al tatuaje. Recuerda la historia que hay detrás del tatuaje —cómo agrega una nueva gota de sangre con cada muerte. Usa líneas delgadas y gruesas para que el diseño luzca tridimensional en su brazo. Marca algunos encajes en la parte superior de su corpiño.

► Paso siete Comienza a oscurecer todos los valores del cabello, la piel y el vestido. Dale a su piel un tono claro con un lápiz de color gris al 30% frío; después marca los toques de luz con una goma. Utiliza sombras de borde firme en su corpiño para sugerir el brillo de una tela de seda. Queremos una calidad romántica, movida por el viento para los bordes, lo que hará que nuestra vampira parezca casi una aparición. Usa las ondas de su cabello como inspiración e incorpora líneas suaves al marco.

Paso ocho Hicimos una interpretación completa del castillo de la reina vampiro en la ilustración de la cazadora de vampiros (consulta la página 24). Como los dos personajes pertenecen a la misma historia, pongamos también el castillo en el fondo. Para ahorrar tiempo, escanea ambos dibujos en Photoshop®, corta el castillo y pégalo en esta ilustración.

◄ **Paso nueve** Ya en la computadora, satura los valores usando la herramienta niveles. Entonces, con la herramienta goma, marca los toques de luz en el castillo y en los ojos, vestido y tatuaje de la vampira. A continuación, elige la herramienta imagen borrosa y suaviza el fondo. Esta técnica hará que el castillo se vea más a la distancia.

▶ **Paso diez** Ahora comenzaremos con la etapa del color. Inicia con el tono de su piel y elige un rosa durazno claro de la paleta de colores. Después, selecciona la herramienta pincel y baja la opacidad a 10% aproximadamente. También baja la dureza del pincel. Selecciona "multiplicar" para que tengas más control sobre la saturación -lo que permite que el dibujo salga. Sigue dando pinceladas en la piel hasta que obtengas el efecto deseado. Repite estos pasos para el cabello y el vestido.

Paso once Para contrastar con su pálida piel color durazno, elige un azul media noche oscuro para el cabello. Con ese color seleccionado, aumenta la opacidad a 50% en la herramienta pincel, y entonces empieza a pintar el cabello de la vampira. Recuerda dejar un borde suave todo alrededor para conservar la energía del dibujo.

Paso doce Como esta vampira es de la realeza, queremos que su categoría se refleje en la ropa. Elige un rojo encendido para las áreas de luz del vestido. Brillantes manchas de color junto a las sombras profundas darán la impresión de un lujoso material aterciopelado. Selecciona un amarillo anaranjado oscuro para el encaje dorado. Después, con la herramienta goma a opacidad media, da un toque de luz hacia en medio.

Paso trece Los personajes de anime son famosos por sus enormes ojos cristalinos. Con la herramienta goma, dale a tu reina vampira pequeños y brillantes toques de luz en la pupila y en el borde inferior. También ponle un color de ojos que contraste muy bien con su cabello.

▲ Paso catorce No queremos que el azul saturado de su cabello luzca como si no perteneciera a nuestra vampira, así que vamos a agregar un poco de este color al tono de su piel. Toma un poco del azul, mantén la opacidad de la herramienta pincel sumamente baja, y aplícalo en sus ojos, en el plano inferior de la nariz y en todas las zonas de sombra.

◄ Paso quince
A continuación, vamos a volver a usar la herramienta pincel para trabajar en la sangre y los labios. Aumenta la opacidad aproximadamente a 70 % y agrega manchones de rojo oscuro a lo largo del costado de la boca.

◄ Paso dieciséis
Dale al fondo un toque de azul turquesa. No vamos a hacerle mucho más porque se supone que no es el objetivo principal.

▲ Paso diecisiete Con la herramienta pincel, empieza a agregar color al tatuaje. Selecciona un rojo más brillante, diferente al de la sangre en la barbilla.

◄ Paso dieciocho Ahora vas a combinar toda la ilustración usando colores del ojo y del vestido en el tatuaje. Usa dorado, verde y gris apagados para contrastar con los brillantes manchones rojos.

Paso diecinueve Como los tatuajes son famosos por su diseño gráfico, vamos a terminar su tatuaje delineando todas las figuras con una línea más oscura. En este punto, añado un poco de diversión creando un arco iris que salta de la espada.

▲ **Paso veinte** Ahora vamos a agregar más tonos durazno a su piel. Mantén la herramienta pincel en modo multiplicar y selecciona un blanco cálido de la paleta. Después, ilumina todas las áreas de luz en su cara y pecho. Aplica tonos violetas suaves y cálidos en las áreas de sombra, como debajo de la nariz y la barbilla.

◄ **Paso veintiuno** Aunque el fondo no es el objetivo principal, queremos darle un poco de vida. Usa la herramienta pincel y elige un verde brillante para la luna y los murciélagos. No queremos dejar el fondo completamente frío; no obstante, selecciona el ocre quemado y úsalo para pintar partes del castillo. Entonces, con la herramienta goma, agrega aros delgados y serpenteantes alrededor de la luna. Esto sugiere pulsaciones de corriente eléctrica sobrenatural que sale del castillo.

Paso veintidós En el paso final, usa el mismo verde para darle toques de luz a los bordes alrededor del cabello. También utiliza un poco de este color para enmarcar toda la imagen. En este punto, verás que cambié el color rosa intenso del vestido por un rojo oscuro elegante, que transmite mejor la imagen de un terciopelo fino.

Los vampiros en nuestra cultura

La cronología que se presenta a continuación muestra cómo ha cambiado nuestra imagen del vampiro en los últimos cien años, transformándolo de monstruo al que se le tiene pánico, a víctima de los derechos civiles, a adolescente rompe corazones. A pesar de que sigue siendo cazado después de todos estos años, al vampiro rara vez se le ve en su hábitat natural en Rumania o Transilvania. No obstante, sin duda se le encuentra en muchas películas, series de televisión y novelas para adultos jóvenes.

1813: El Giaour
Poema escrito por Lord Byron
Inspirado en sus muchos viajes por Medio Oriente y Europa, el poema de Lord Byron combina las leyendas de vampiros de Europa Oriental con la práctica turca de ahogar a una mujer culpable de tener relaciones con infieles. En esta historia, como castigo, el *giaour*, o infiel, estaba destinado a convertirse en un vampiro que se alimentaría de sus seres queridos.

1819 El vampiro
Cuento escrito por John Polidori
Al principio atribuida a Lord Byron, esta historia de John Polidori cuenta las aventuras de Lord Ruthven, un vampiro que misteriosamente extrae la vida a las mujeres que conoce. Esta narración fue el punto decisivo para las antiguas leyendas de vampiros y la primera vez que uno de los exánimes es presentado como un aristócrata carismático y seductor. Polidori basó su personaje en las aventuras de Lord Byron, que alguna vez fue su amigo.

1897 Drácula
Libro escrito por Bram Stoker
Influido por *El vampiro*, de John Polidori, e inspirado por las aventuras de Vlad Drácula de Valaquia, esta novela de vampiros se cuenta básicamente a través de cartas y anotaciones en un diario, así como fragmentos del periódico. Es la primera vez que conocemos al legendario conde Drácula, a sus novias vampiras y a Van Helsing. 25 años después, este libro sería vuelto a contar en el nuevo medio de comunicación, el cine, en la película *Nosferatu*.

1922 Nosferatu
Película dirigida por F.W. Murnau
Filmada en blanco y negro, esta película muda alemana de terror cambió los nombres de todos los personajes del cuento clásico porque el estudio no tenía los derechos de la novela de Bram Stoker. Aun así, es una de las mejores y más escabrosas representaciones cinematográficas de Drácula hasta ahora.

1931 Drácula
Película dirigida por Tod Browning
Béla Lugosi interpreta el papel principal en esta película basada en la famosa novela de Bram Stoker. Como el conde Drácula, Lugosi cambia de murciélago a vampiro, hipnotiza a sus víctimas y se alimenta de la inocente Lucy Weston.

1954 Soy leyenda
Libro escrito por Richard Matheson
Una historia innovadora, esta novela fue la primera en incorporar elementos de una plaga de vampiros y el subsiguiente apocalipsis en todo el mundo. Este libro se hizo película cuando menos tres veces: *El último hombre sobre la tierra* (1964), *El último hombre vivo* (1971) y *Soy leyenda* (2007). La historia de vampiros de Matheson también inspiró al director George A. Romero para hacer *La noche de los muertos vivientes*, que se convirtió en la progenitora de las subsiguientes historias de zombis.

1954 The Vampira Show
Serie de televisión dirigida por Hap Weyman
Interpretada por Maila Nurmi, quien a su vez se inspiró en las caricaturas *New Yorker* de Charles Addams, el personaje de Vampira combinaba elegancia con terror. Con sus largas uñas y una boquilla aún más larga, se paseaba por un banco de niebla y después gritaba, antes de presentar el capítulo de la noche. Este programa se convirtió en *Elvira's Movie Macabre* de 1982.

1964 La Familia Monster
Serie de televisión creada por Allan Burns y Chris Hayward
Esta comedia de media hora salió al aire por CBS dos temporadas. Estelarizada por Fred Gwyne como el monstruo Frankenstein llamado German, e Yvonne De Carlo como la seductora Lily, esta comedia de situación retrataba la vida diaria de una familia de gente macabra. Sin ser una representación manifiesta de un vampiro, De Carlo definitivamente parecía una hechicera chupa vida, mientras que después se supo que el Abuelo era el conde (Sam) Drácula.

1966 Dark Shadows
Serie de televisión creada por Dan Curtis
Con Jonathan Frid como el vampiro Barnabás Collins, esta novela gótica de la cadena ABC se filmó en una mansión tipo castillo. El escenario ayudó a crear el ambiente romántico y taciturno que se volvió el sello distintivo de la serie. En el programa también había fantasmas, hombres lobo, viajeros en el tiempo, brujas y, de vez en cuando, un universo alterno. Entre los seguidores de la serie están Johnny Dep, Tim Burton y Madonna.

1975 El misterio de Salem's Lot
Libro escrito por Stephen King
Igual que todos los libros de King, esta historia engancha al lector de principio a fin. Ben Mears, el personaje principal, se muda de casa después de la muerte de su esposa. Al poco tiempo, Mears empieza a sospechar que las extrañas muertes y desapariciones que suceden en Jerusalem's Lot son obra de vampiros.

1976 Entrevista con el vampiro
Libro escrito por Anne Rice
Alguna vez dueño de una plantación y ahora un atormentado vampiro, Louis le cuenta la historia de sus 200 años de vida a un periodista. Habla con detalle de sus relaciones con Lestat, el vampiro que lo convirtió, y Claudia, una vampira atrapada para siempre en el cuerpo de una niña, y da a conocer el mundo secreto de los vampiros parisinos. Primero en la serie *Crónicas de un vampiro*, este libro después se convirtió en película en 1994, estelarizada por Tom Cruise y Brad Pitt.

1983 El ansia
Película dirigida por Tony Scott
Catherine Deneuve interpreta a una vampira inmortal, con David Bowie como su amante y compañero chupa sangre. Susan Sarandon entra a escena como una doctora que quiere ayudar a Bowie, quien envejece rápidamente. La trama da un giro escalofriante cuando Deneuve seduce a Sarandon y la invita a participar en la vida eterna.

1987 Jóvenes ocultos
Película dirigida por Joel Schumacher
Estelarizado por Jason Patrick, Corey Haim y Kiefer Sutherland, este clásico de terror se basa en una plaga de vampiros adolescentes en un tranquilo pueblo de California. La tentación de los poderes sobrenaturales, la vida eterna y el amor prohibido atraen a Patrick hacia el aquelarre de vampiros de la localidad que quieren que se una a ellos.

1991 Crónicas vampíricas
Libro escrito por L.J. Smith
Publicado en 1991, esta serie para adultos jóvenes está conformada por siete libros. Teniendo como personaje principal a Elena, una estudiante de preparatoria, la historia se centra en las emociones encontradas que siente hacia dos hermanos vampiros, Stefan y Damon. En 2009, esta popular serie de libros fue convertida en serie de televisión por la cadena CW Networks. Estelarizada por Ian Somerhalder como Damon y Paul Wesley como Stefan, el programa se convirtió en un éxito casi de la noche a la mañana.

1992 Drácula, de Bram Stoker
Película dirigida por Francis Ford Coppola
Los géneros se mezclan en este thriller de terror y romance que estelariza Gary Oldman como Drácula y Winona Ryder como Mina Harker. Este refrito de la historia clásica se centra en el suicidio de la esposa de Drácula, su reencarnación en Mina y el subsiguiente triángulo vampírico que conlleva.

1993 Placeres prohibidos (Guilty Pleasures)
Libro escrito por Laurell K. Hamilton
En esta primera novela de la serie, los lectores conocen a Anita Blake, una cazadora de vampiros que vive una historia alterna. El mundo de Blake está lleno de hombres lobo, vampiros y magia, y la historia está escrita con elementos de detectives de ficción y sobrenaturales. La serie consta de 19 novelas.

1996: Del crepúsculo al amanecer
Película dirigida por Robert Rodríguez
Como asaltantes de bancos, George Clooney y Quentin Tarantino se encuentran con un aquelarre de vampiros en un club de desnudistas en México. Allí, luchan por su vida del crepúsculo al amanecer.

1998 Blade
Película dirigida por Stephen Norrington
Basada en el personaje de Marvel Comics, Wesley Snipes interpreta a Blade, un híbrido medio vampiro medio humano que caza vampiros. Este personaje está basado en antiguas leyendas de los Balcanes de los dhampiros. A esta película le siguió *Blade II*, dirigida por Guillermo del Toro.

1999 Buffy, la caza vampiros
Serie de televisión creada por Joss Whedon
Este culto favorito fue estelarizado por Sarah Michelle Gellar como Buffy Sommers, una estudiante de preparatoria autoproclamada cazadora de vampiros. Entre una clase y otra, Sommers acechaba y mataba con estacas a los exánimes. La serie de televisión *Angel* fue derivada de este programa.

2001 Los misterios de los vampiros del sur (Las novelas de Sookie Stackhouse)
Libros escritos por Charlaine Harris
Con escenario en una historia alterna, esta serie de libros tiene como personaje principal a Sookie Stackhouse y se desarrolla en Louisiana. Hombres lobo, metamorfos, hadas y vampiros forman parte de la vida diaria del pequeño poblado de Stackhouse, donde trabaja como mesera en un bar. Un elemento clave de la serie es la representación del vampiro como una criatura sin derechos civiles en algunos países. En 2008, HBO comenzó a transmitir la serie *True Blood*. Creada por Alan Ball y basada en los libros de la serie de Charlaine Harris, el programa ganó un Emmy y un Globo de oro.

2003 Underworld
Película dirigida por Len Wiseman
Estelarizada por Kate Beckinsale, esta película gótica presenta vampiros y hombres lobo. Con la trama que gira alrededor de la clásica cazadora de vampiros, Selene es una vampira que caza y mata hombres lobo. Seguida por la película *Underworld: Evolución*, en 2006, dirigida por Len Wiseman, y *Underworld: Rise of the Lycans*, dirigida por Patrick Tatopoulos.

2004 Van Helsing
Película dirigida por Stephen Sommers
Con Hugh Jackman como el legendario cazador de monstruos y Kate Beckinsale como miembros de una familia maldita de Transilvania, esta película gótica muestra atisbos de Frankenstein, el Dr. Jekyll y el Sr. Hyde, y un hombre lobo, antes de centrarse en el verdadero monstruo del día: el conde Drácula.

2005 Crepúsculo
Libro escrito por Stephanie Meyer
Esta novela para adultos jóvenes cuenta la historia épica de Bella, una chica de 17 años, que se enamora de lo que parecer ser un chico de 17 años, que resulta ser un vampiro de 104 años de nombre Edward Cullen. La trama se complica cuando el pueblo de Forks es invadido por un aquelarre de vampiros rivales. La serie incluye las novelas: *Luna nueva*, *Eclipse* y *Amanecer*. *Crepúsculo* la película se estrenó en 2008, fortaleciendo aún más la serie en los corazones de los adolescentes de todo el mundo.

Vampiro volador

Considerado uno de los depredadores más peligrosos, este vampiro —que puede cambiar de forma y convertirse en un monstruo volador con alas— fue capturado y encadenado en medio de su transformación. Con heridas de batallas anteriores como trofeos, este guerrero sabe que los humanos no triunfarán mucho tiempo más.

▲ **Paso uno** Para este proyecto, haremos un retrato de un vampiro volador. Para comenzar nuestro dibujo, haremos un boceto en una hoja de papel calca con un lápiz de color negro. Dibuja su cuerpo y la posición de sus alas.

Materiales

- Pinturas acrílicas: carmesí alizarina, siena crudo, amarillo ocre, azul ultramarino, ocre quemado
- Paleta de colores
- Mate medio
- Gesso blanco
- Una brocha vieja con la que se pintan las casas
- Tabla de conglomerado
- Variedad de pinceles chicos para acrílico
- Papel calca
- Papel vegetal
- Lápiz de color negro
- Lápiz de color blanco
- Goma
- Photoshop®

▶ **Paso dos** Después, iniciaremos el dibujo final. Queremos que sus alas sean aún más impresionantes, así que reduce el tamaño de su cuerpo. Con los trazos básicos en su lugar, comienza primero con los valores de sombras oscuras y matiza su barba, cabello y cuencas de los ojos. Tendremos que hacer tantos detalles, que es mejor que mantengamos ciertas áreas como estas como figuras oscuras, gráficas. (Quizá prefieras transferir este boceto; consulta "Cómo transferir un dibujo", en la página 25.)

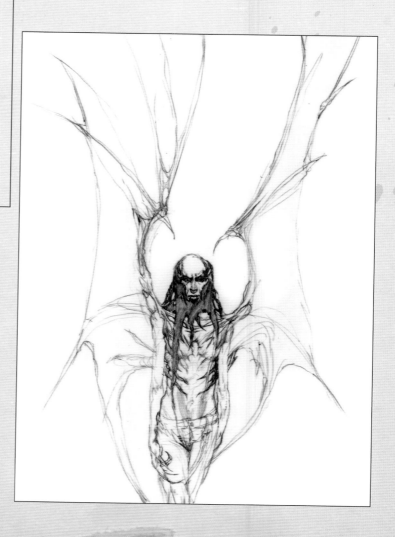

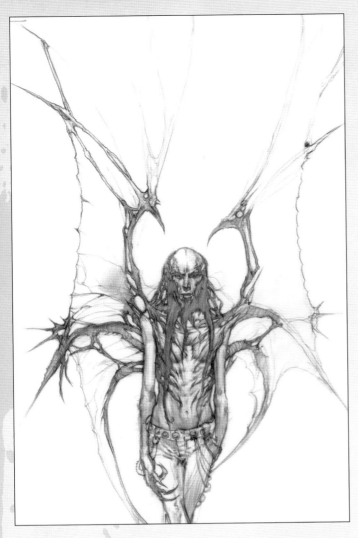

◄ Paso tres Con el costado del lápiz, comienza a dibujar la anatomía del vampiro. Conserva los trazos del lápiz largos y limpios para acentuar su cuerpo descarnado. Queremos que sus alas se vean intimidantes pero frágiles al mismo tiempo. Fíjate en las espinas filosas como navajas que sobresalen de los lados que sostienen unida la piel tipo membrana.

► Paso cuatro Oscurece toda la figura con el costado del lápiz. Varía ligeramente los valores en la piel de las alas para que sigan viéndose transparentes. Después, trabaja todos los bordes con un valor suave para darle más realismo al dibujo. En este paso, también agregarás las cadenas que el captor le puso. Como están hechas con cuerda gruesa, plata y cerrojos, lo han mantenido incapacitado, afortunadamente. Bueno, cuando menos por el momento.

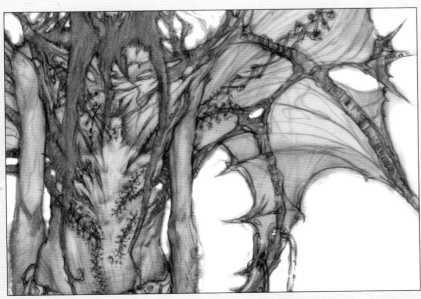

◄ Paso cinco Herido en numerosas batallas con humanos, este vampiro ha remendado sus alas más de una vez. Marca los puntos de sutura con patrones de "X" irregulares y añádeles pequeños agujeros oscuros. Asegúrate de que cada "X" conserve una ligera curva para que sigan la línea de su musculatura.

◀ **Paso seis** Ahora, haz un duplicado del dibujo en una máquina copiadora con papel estándar. Con las opciones disponibles en la copiadora, ajusta el valor oscureciéndolo 20%. Esto te da de inmediato el valor medio que quieres para el fondo. Ya estás listo para pintar. Nota: Usar la copiadora es completamente opcional. Puedes lograr el mismo efecto pintando con un tono gris semitransparente la imagen una vez que la hayas montado y rociado con aerosol fijador en la tabla. Quizá también decidas comenzar el dibujo en papel gris.

▶ **Paso siete**
Ahora, podemos divertirnos un poco con el dibujo. En la copia que hicimos, toma un lápiz de color blanco y agrega algunos toques de luz brillantes en el pecho, las alas y la parte superior de la cabeza. También añade vello largo y crespo en las axilas.

▼ **Paso ocho** En este punto, veremos cómo se verá el dibujo en tonos rojos. Primero, escanéalo en Photoshop® y ajusta el balance del color a un valor cálido. Esto facilitará en gran medida que logremos los colores que queremos. Imprime una copia. Después, móntala en una tabla de conglomerado y cúbrela con una mezcla de 50% mate medio y 50% de agua. Con esto se sella la copia y te permite pintar sobre ella.

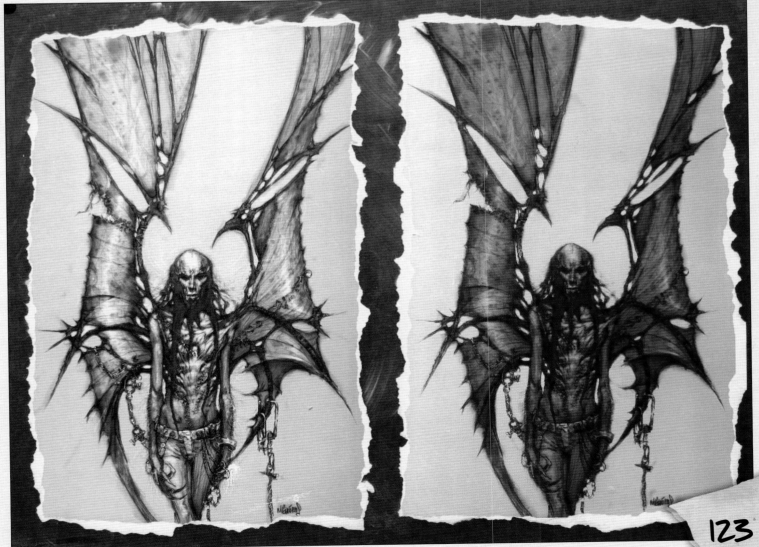

◄ Paso diez Mezcla aguadas cálidas y frías de pintura, después deja que se "junten" en ciertas áreas de las alas. Esto les dará una apariencia delgada, transparente. Después, diluye un poco de gesso blanco con agua y usa un pincel de punta fina para pintar las estrías de las alas. Usa la misma mezcla para marcar ligeramente los reflejos en el centro de cada ala para crear forma y dimensión.

▲ Paso nueve Usa una mezcla de amarillo ocre, azul ultramarino, carmesí alizarina y una buena cantidad de agua para la piel del vampiro. Sólo necesitas usar aguadas de color ligeras porque permitirás que los tonos rojos de la impresión salgan. Deja las áreas grandes de sombra. Tienen agradables figuras gráficas y le dan una sensación de misterio a la obra.

▶ Paso once Después, queremos enfatizar cómo se estira la piel del vampiro y marcar su forma descarnada. Toma la mezcla de gesso diluido y con un pincel chico pinta franjas delgadas en el cráneo y el pecho. Para marcar aún más las sombras desvanecidas en el esternón y la caja torácica, usa una mezcla fría de azul ultramarino con un poco de amarillo ocre.

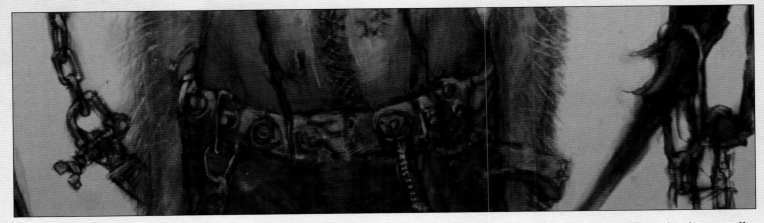

Paso doce Para darle vida a las cadenas y broches de plata, agrega un poco de azul ultramarino a la mezcla de gesso. Después, pinta con ella las formas de metal, dejando intactas las sombras.

◄ **Paso trece** Ahora vuelve a escanear la pintura en Photoshop® para los toques finales. Usando Photoshop® en la última etapa, puedes terminar la ilustración mucho más rápido y tienes más oportunidad para experimentar.

Paso catorce Es aquí donde la experimentación rinde frutos. Por curiosidad, comencé a ajustar el balance de color y descubrí que me agradaba esta versión más fría, más apagada. Estos colores parecen más apropiados para el estado de exánime de este tenebroso vampiro.

Paso quince Selecciona la herramienta goma para realzar los toques de luz en el metal plateado y el pecho del vampiro. Elige una opacidad del 50% y reduce el diámetro del pincel en la misma medida.

▶ **Paso dieciséis** Para el paso final, vamos a crear un fondo lleno de humo para nuestro vampiro. Esto permitirá al espectador escribir mentalmente su propia historia de esta imagen. Primero, selecciona la herramienta difuminar. Después, elige la opacidad al 10% y la dureza al 20%. Usa la herramienta para diseñar virutas de humo que floten a su alrededor. Luego aumenta la opacidad otro 10% y agrega algunos reflejos al humo para darle dimensión.

DETALLES

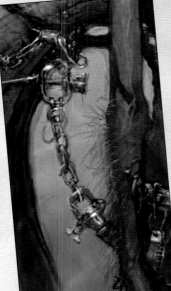

126

La leyenda continúa

¡Ave, alma valiente! A pesar del difícil terreno de colmillos y garras, has sobrevivido al monstruo más carismático de Fantasía Underground, el vampiro. Como parte de máxima prueba de supervivencia, has aprendido a dibujar una flotilla entera de vampiros y sus enemigos, desde una atractiva cazadora de recompensas hasta un glotón insaciable y una reina vampira. Tus atrevidos logros ahora incluyen pintura acrílica y óleo, ilustración a lápiz y manipulación por computadora. Las cosas han cambiado y ahora la presa se ha convertido en el depredador. Ya no es necesario que le tengas terror a esta bestia chupa sangre, porque como concluiste con éxito tu misión y los proyectos de este libro, ya eres tan legendario como el mismo Van Helsing. ¡Muchas felicidades al nuevo amo de los vampiros! ¡Que tu reino sobre los inmortales continúe hasta la siguiente aventura de Fantasía Underground!